# 俞粟廬師友信札

陆春彪 主编 / 唐葆祥 注释

齊魯書社
·济南·

图书在版编目（CIP）数据

俞粟庐师友信札 /陆春彪主编；唐葆祥注释. -- 济南 ：齐鲁书社，2023.4
ISBN 978-7-5333-4690-4

Ⅰ. ①俞… Ⅱ. ①陆… ②唐… Ⅲ. ①俞粟庐（1847-1930）—书信集 Ⅳ. ①K825.78

中国版本图书馆CIP数据核字（2023）第067002号

责任编辑：刘海军
装帧设计：赵萌萌

俞粟庐师友信札
YUSULU SHIYOU XINZHA

陆春彪 主编
唐葆祥 注释

主管单位 山东出版传媒股份有限公司
出版发行 齊魯書社
社　　址 济南市市中区舜耕路517号
邮　　编 250003
网　　址 www.qlss.com.cn
电子邮箱 qilupress@126.com
营销中心 （0531）82098521 82098519 82098517
印　　刷 山东临沂新华印刷物流集团有限责任公司
开　　本 889mm×1194mm 1/16
印　　张 13.25
字　　数 196千
版　　次 2023年4月第1版
印　　次 2023年4月第1次印刷
标准书号 ISBN 978-7-5333-4690-4
定　　价 128.00元

# 《俞粟庐师友信札》编审委员会

# 序 一

松江古称华亭，地近苏杭，经济富庶，历史悠久，文化灿烂，戏剧戏曲很早就在这里绵延传播，芬芳兰苑。

据考证，宋应熙在《青龙赋》中曾记载，此地“讴歌嘹亮，开颜而莫尽欢欣；阛阓繁华，触目而无穷春色”，“风帆乍泊，酒旆频招。醉豪商于紫陌，殢美女于红绡。凝眸绿野桥边，几多风景；回首西江市上，无限逍遥”。可见，早在宋朝，松江就已产生了具有消闲性质的文化娱乐活动场所。到了元代，松江更是演出兴盛，名伶辈出，不仅出现了以夏庭芝、陶宗仪等为代表的著名戏剧理论家，而且留存下《青楼集》《南村辍耕录》等十分重要的戏剧理论文献。

明中叶后，昆山腔传入松江。至嘉靖、隆庆年间，松江地区形成了弋阳腔、海盐腔、余姚腔、昆山腔、太平腔、土戏诸腔竞奏争胜的局面，但惟有昆山腔风行一时。据考，松江名贤徐阶、董其昌等都曾蓄养昆曲家班。万历六年（1578），青浦（旧属松江府）上演《浣纱记》，为松江演出昆剧的最早记载之一。万历二十七年（1599），松江班曾被邀至西湖舟中搬演《玉玦记》。天启、崇祯年间，松江还出现了“香囊”“琵琶”“麒麟”“连环”“浣纱”“绣襦”等昆曲戏班。

到了清代，松江昆曲演出继续繁盛。康熙四十三年（1704），《长生殿》在北京禁演后，松江“选吴优数十人搬演”，并邀作者洪昇观赏。松江人张照主纂宫廷大戏《劝善金科》《升平宝筏》，开创了戏曲连台本戏的先河。正是因为悠久的文化传统和丰厚的昆曲文化底蕴，松江才最终孕育了“江南曲圣”俞粟庐和被后人称为“俞家唱”的天籁之音。

素有“江南曲圣”美誉的俞粟庐，擅昆曲，工书法，能骑射，攻金石，精鉴赏，多才多艺，堪称一代宗师。尤其是他将昆曲的正宗唱法“叶派唱口”传承下来，并发扬光大，泽被后世。由于在昆曲、书法、金石鉴定方面的卓越成就，他与当时的社会各界文化名流交游广泛。昆曲之外，吴昌硕、李平书等书法大家都曾为他写过仿单。名画家陆廉夫、冯超然更是与他交往深厚，惺惺相惜。他还经常与这些书画名家和昆曲曲友在一起雅集聚会，切磋技艺，书信往还。这些文人雅事，既是其取得卓越艺术成就的重要原因，也为我们留下了民国时期文人的交往实录，具有十分珍贵的历史价值和艺术价值。

在古代，通信是文人沟通交往的重要手段。但随着岁月的流逝，大部分书信都已湮没无存，幸存于世的也往往秘不示人。在“江南曲圣纪念馆”建成开馆之际，出版《俞粟庐师友信札》，将俞粟庐与其师友的来往信札近六十通重新整理、点校、注释，并以图文并茂的方式编纂成书，既是我们深入挖掘松江戏剧戏曲文化资源、围绕“人文松江”建设整体布局、擦亮打响“戏剧之乡”文化品牌的重要举措，也是我们挖掘利用好松江戏剧戏曲文化资源，推动中华优秀传统文化创造性转化与创新性发展的重要手段。在书稿的编纂过程中，上海市人文松江创作研究院得到了松江区博物馆等部门的倾力协助。书中全部信札由俞粟庐侄孙俞经农先生珍藏、提供。著名编剧、昆曲研究专家唐葆祥先生对信札进行了细致的考证、注释，在此致以诚挚的谢意。另外，由于学识浅陋，书中讹误之处，敬请方家不吝教正。

《俞粟庐师友信札》编委会

2022 年 11 月 27 日

# 序　二

江南曲圣俞粟庐不仅是清末民初著名的清曲家、昆曲正宗唱法“叶派唱口”的唯一传人，还是一位杰出的书法家、金石学家。俞粟庐拜师学书法与拜师学昆曲是同一年，即清同治十一年（1872），经友人姚仙槎介绍，他拜秀水（今嘉兴）沈景修为师习书。

沈景修（1835—1899），字蒙叔，号次蝯、汲民、欧斋，晚号寒柯。十七岁补诸生，咸丰十年（1860）太平军攻占嘉兴城，沈景修遂迁居盛泽。同治元年，原嘉兴知府薛时雨调任杭州知府，邀沈景修为营务记室，并收沈为门下弟子。同治五年（1866），沈景修以拔贡的身份进京参加朝试，在考试帖诗时，不慎脱落二字，落榜而归。此后曾任浙江官书局分校，以及宁波、萧山、分水等郡学校官、教谕。五十岁后，鬻字谋生。沈景修擅诗文，其书法宗二王，从唐碑入手，中年后又泛滥六朝，上探汉魏以迄于秦，晚年习欧，颇有心得，自叹“从前三十岁以内所作全是虚怆之气，并未入门，及学思翁之收敛，一扫浮烟涨墨而胆子小矣，字乃入门矣”。学者评价沈景修的书法，“与其沉潜经史，究心诗文，深受儒学影响有关，故其书法坚劲而不失于戾，精严而不失于刻，沉酣而不失于滞，可谓深得中和之气”（见王效玮《沈景修与俞粟庐交往之片断》）。沈景修自评行书为最，陈六笙谓沈的行书“得杨少师《韭花帖》真传”。

俞粟庐受乃师指点，一头埋在汉魏碑刻中肆力用功。沈师家藏丰富，俞粟庐代其考订金石文字，查阅史书达五年之久，为他日后的书法艺术和碑帖鉴定打下扎实基础。光绪二十年（1894），沈师到苏州，见到俞的书艺及碑帖学说，大为称赏。沈写给俞的信中说：“吾弟考据碑帖之学，江浙不可多得，佩服，佩服！”俞粟庐在写给五侄的信中也提到：“师所藏旧碑尽嘱加跋（沈师本有资，旧碑尤多），甲午年人皆知我之名矣。”

俞粟庐在书法和金石碑帖考据领域能取得杰出的成就，除沈师的言传身教外，还得益于周围聚集了一批文人学者、书画名人、收藏大家，如吴梅、李平书、吴昌硕、陆廉夫、毛子建、冯超然、费龙丁等，他们往来密切，亦师亦友，互相切磋，分享收藏。

本书收集沈师致俞粟庐的信札共四十二通，李平书、陆廉夫、冯超然等友人信札十四通，俞粟庐致穆藕初二通、致唐颂尧一通，皆为俞粟庐侄孙俞经农所藏，除后三通外，皆已捐赠松江区江南曲圣纪念馆。这些书信的内容丰富多彩，除书法交流、碑版研究外，还涉及代购文房四宝、字画拓裱、婚丧礼仪、谋职请托、医方切磋、曲友学戏乃至时局变化，对了解清末民初文人的思想、生活以及当时的社会状态，提供了生动的资料，具有很高的历史文献价值。

此外，本书还附录吴梅贺俞粟庐七十岁寿辰的套曲、思念俞粟庐的集曲以及在俞粟庐故世后所作的《俞宗海家传》。《家传》记述了俞粟庐传奇的一生，并对其唱曲、书法、金石研究方面的成就，予以高度的评价，为俞粟庐的研究提供了十分宝贵的资料。

本书在断句、释注时，一律采用现代汉语的标点符号及简体字。书札之排序，一遵俞公建侯当年装裱之原件。释注过程中，得到上海市人文松江创作研究院陆春彪、常勇等同志的鼎力相助，书法家、金石学研究者朱震先生不仅在释文中出力多多，而且纠正、补充了许多条目。此外，俞经农先生不仅对全书作了认真校对，还提供了几幅珍贵的图片，为全书增色不少。老友黄思维先生对附录部分也作了仔细的校勘。总之，是书之成，是集体努力的成果，在此一并致谢！

唐葆祥

2022 年 7 月

# 目 录

# 沈景修致俞粟庐书一

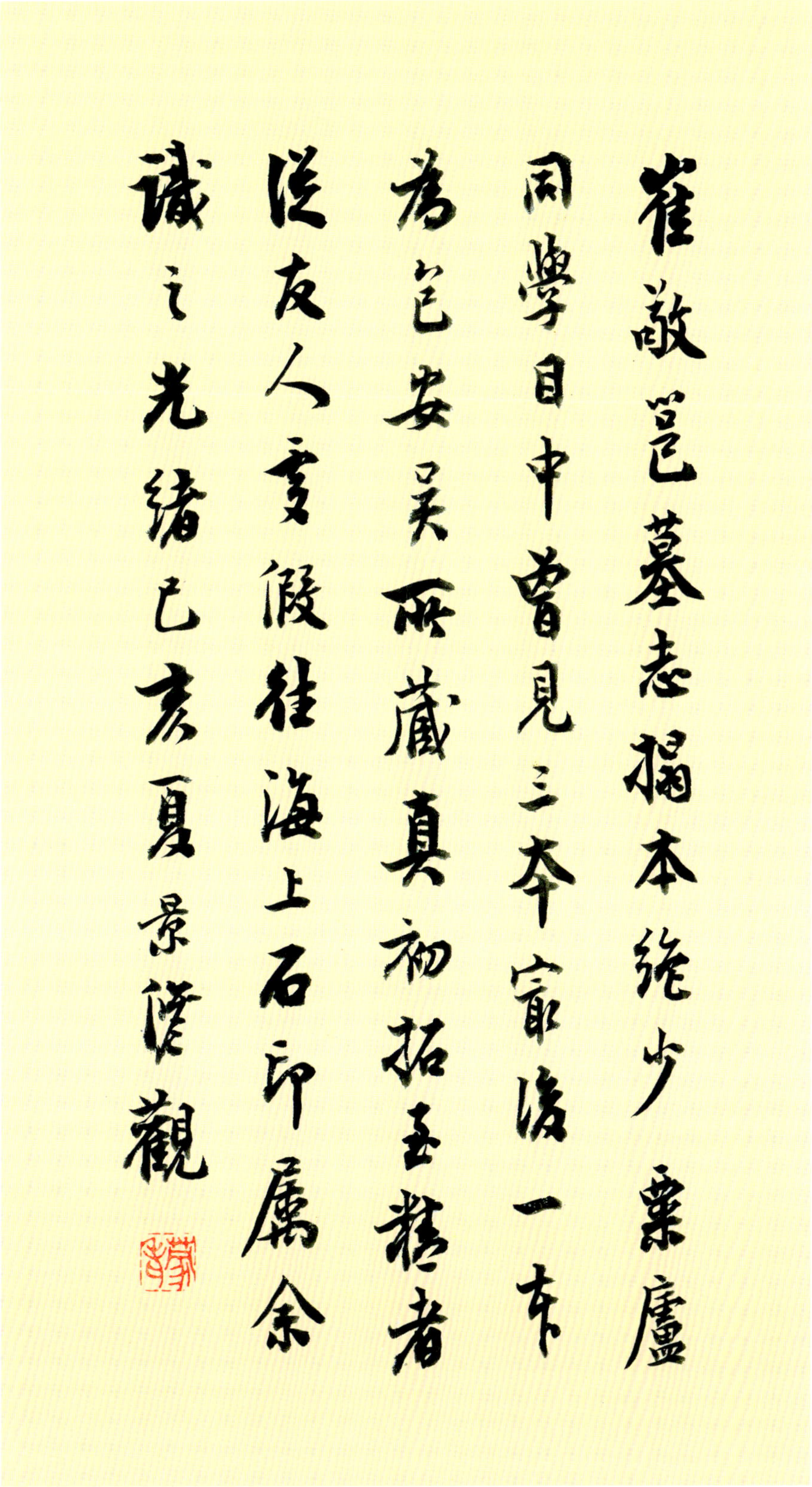
崔敬邕墓志搨本絕少粟廬
同學目中曾見三本宦後一本
爲邑安吳所藏真初拓至精者
從友人處假往海上石印屬余
識之光緒己亥夏景濬觀

再啓者，賤體陽虛，人人皆知，服補陽藥未見效，或云陽氣不周，四肢未暢，通乎虛。但不知不必溫補，别有通陽之法否？再兄弟境尚順，而心境每不怡哉，係心陽過抑之故。不每日便溏一次，並不腹痛，未知是症從下小哉，是酒煙太過，減之，故每日只一次。擬多兩次能無妨否？照星翁乞示之。

**【释文】**

《崔敬邕墓志》[一]拓本绝少，粟庐同学[二]目中曾见三本。最后一本为包安吴[三]所藏，真初拓至精者。从友人处假往海上石印，属余识之。光绪己亥[四]夏，景修观。

再启者：贱体阳虚，人人皆知，服补阳药未见效。或云阳气不周四末[五]，不尽关乎虚，但不知不必温补，别有通阳之法否？再，兄处境尚顺，而心境每不怡，或系心阳遏抑之故。又，每日便溏一次，并不腹痛，未知是痰从下行？或是酒湿？或饮人乳之故？每日只一次，极多两次。能无妨否？晤星翁[六]乞问之。

**【考注】**

〔一〕《崔敬邕墓志》，北魏书法精品，有“六朝志石之冠”美誉。

〔二〕粟庐同学，沈景修对俞粟庐的谦称。沈景修（1835—1899），字蒙叔，一作梦粟，号蒙庐、次蝯、欧斋、汲民，又号蒲寮子，晚号寒柯。善诗词杂文，尤工书。浙江秀水人。俞粟庐的书法老师。清同治十一年（1872），俞粟庐拜其为师。此时，沈家已迁至江苏盛泽。俞粟庐曾在给五侄俞建侯的信中，回忆当年代沈景修考订金石文字并查阅历朝史书事。

〔三〕包安吴，即包世臣（1775—1855），字慎伯，安徽泾县人。泾县于东汉时曾分置安吴，故又称安吴。包世臣为清代学者、书法家，倡导北碑，著有《艺舟双楫》。

〔四〕光绪己亥，即公元1899年。

〔五〕四末，指四肢。

〔六〕星翁，沈景修、俞粟庐友人，其他不详。

# 沈景修致俞粟庐书二

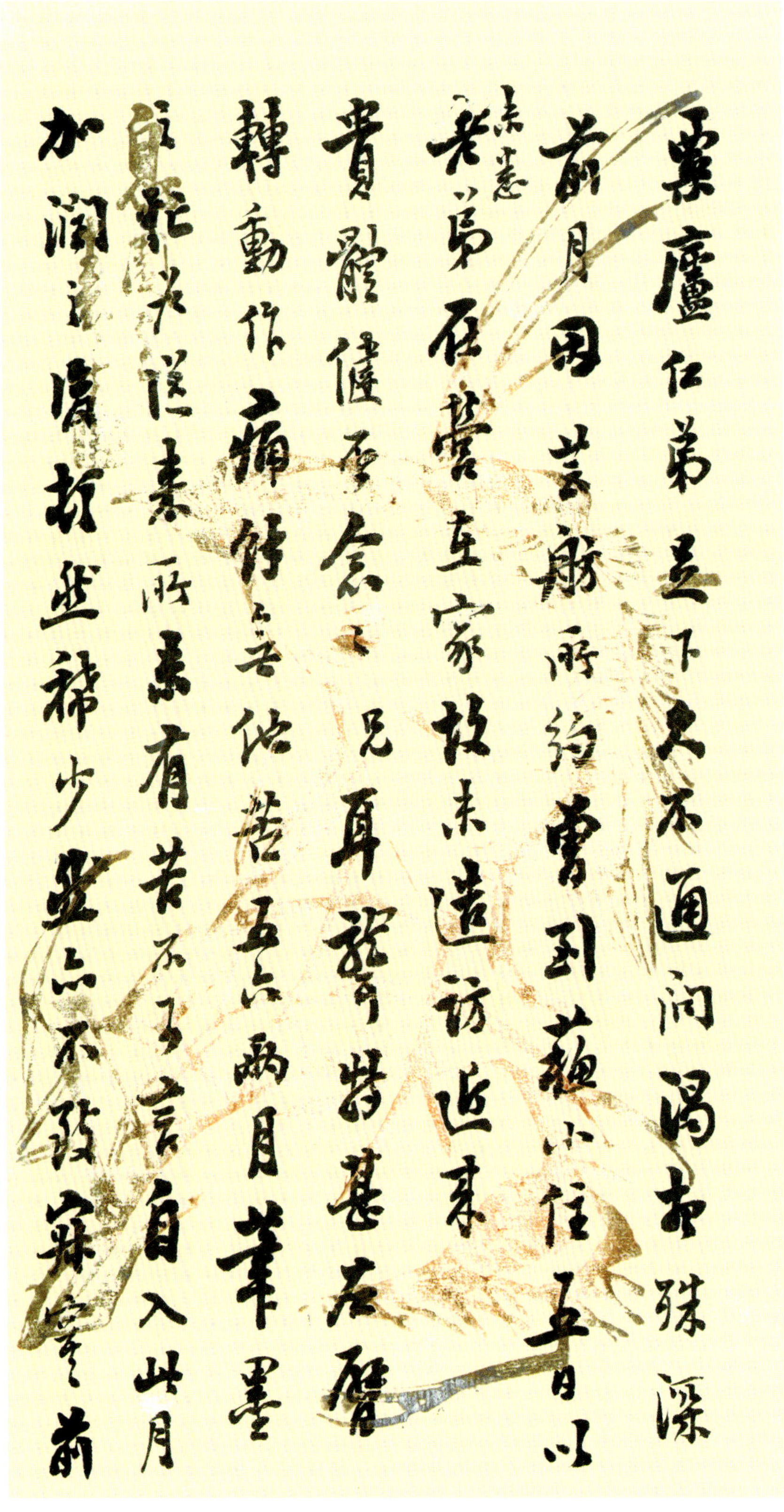

粟廬仁弟足下：久不通問，渴想殊深。前月因芸舫將曹到蘇小住五日，以老弟在崑直家，故未遑訪。近來貴體健否？念念。兄耳聾特甚，右臂轉動作痛，餘亦似昔。五六兩月筆墨應紛至迭來，所求有若不可言，自入此月加閏，漸覺折柬稀少，然亦不致寂寞。前

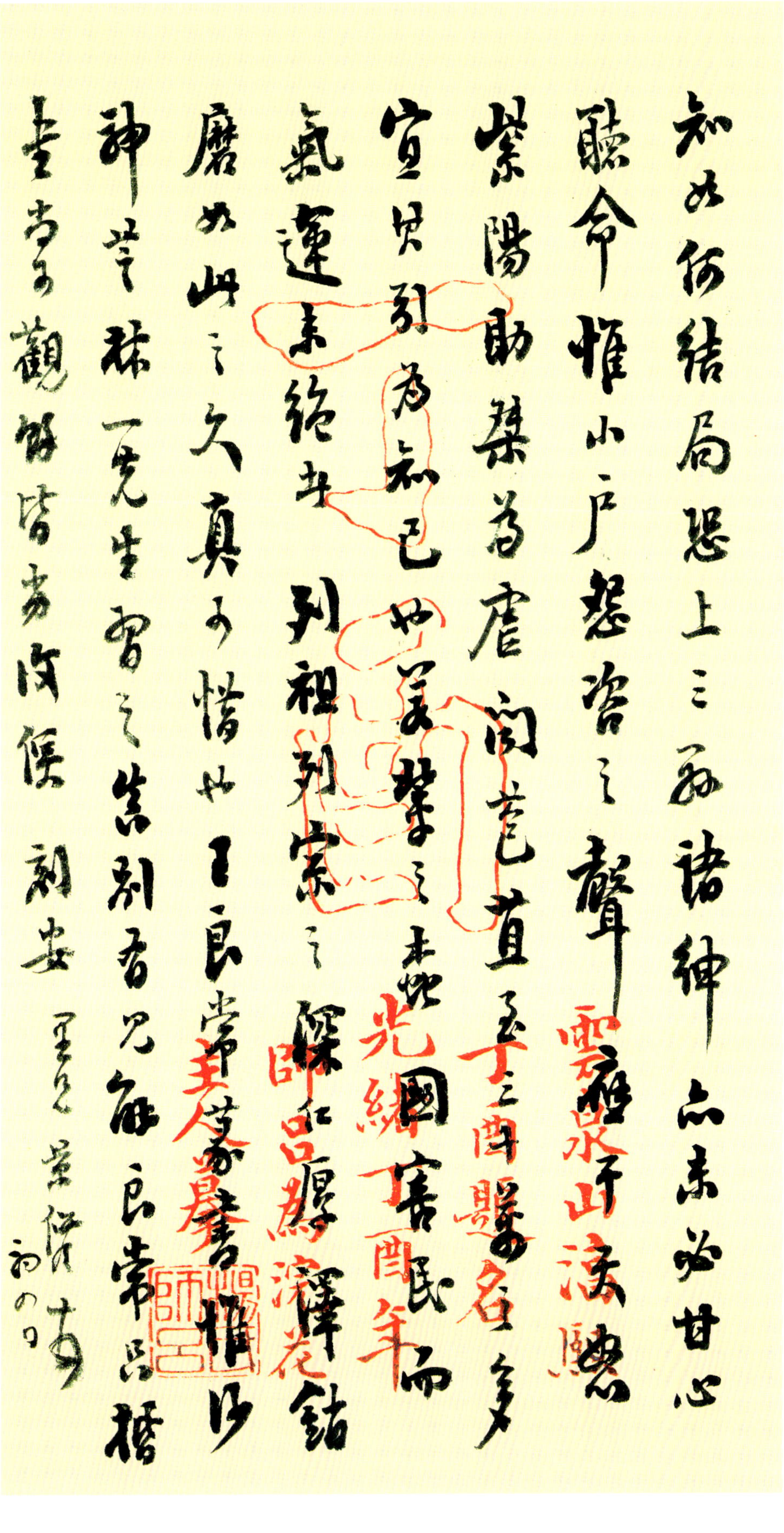
知如何結局，恐上之兩諸紳亦未必甘心
聽命，惟小戶怨咨之聲耳。[illegible]
紫陽助禁為虐，聞已直至三四暨多
宜其引為知己也。吳莘之枉國害民，而
氣運未絕耳。列祖列宗之深仁厚澤，結
磨如此之久，真可惜也。王良常書惟以
神采勝，一覽生習之，告別而見能良常正楷。
台安 覿助時方收復 刻安
景修頓首 初四日

乾綬二

武鄉侯食少事煩極耗心力
文正公先憂後樂未展襟懷

乾鳳生

聚萍蹤五畝園開尚論千年錄萃於今成絕學
探梅友兩人星隕又弱一个銅坑從此罷登高

【释文】

粟庐仁弟足下：久不通问，渴想殊深。前月因芸舫[一]所约，曾到苏小住五日。以未悉老弟在营[二]在家，故未造访。近来贵体健否？念念！兄耳聋特甚，右臂转动作痛，余无他苦。五、六两月笔墨之忙，为从来所未有，苦不可言。自入此月，加润之后，顿然稀少，然亦不致寂寞。前知[三]如何结局？恐上三县诸绅，亦未必甘心听命。惟小户怨咨之声，应干天怒。紫阳[四]助桀[五]为虐，闻苞苴[六]至三十万之多，宜其引为知己也！若辈之蠹国害民，而气运未绝者，列祖列宗之深仁厚泽，销磨如此之久，真可惜也！王良常[七]篆书，惟沙神芝林一先生习之，真别有见解。良常只楷书尚可观，余皆劣。复候刻安！愚兄景修顿首。初四日。

**挽绥之**[八]

武乡侯食少事烦，枉抛心力；

文正公先忧后乐，未展襟怀。

**挽凤生**[九]

聚萍踪，五亩园[一〇]开，尚论千年，铁笔于今成绝学；

探梅友，两人星陨，又弱一个，铜坑从此罢登高。

【考注】

〔一〕云舫，即费云舫，苏州秀才。

〔二〕在营，指俞粟庐当时在苏州黄天荡水师营任职。

〔三〕前知，指前知县（即后文所指的紫阳县）贪污事。其事不详。

〔四〕紫阳，县名，属陕西省，明清时皆属兴安府。此处指紫阳知县。

〔五〕桀，夏朝末代暴君。

〔六〕苞苴，原指包裹鱼肉的蒲包，后转指赠送的礼物，引申为贪污。

〔七〕王良常，即王澍，清初书法家，擅铁线篆。翁方纲认为王书“篆书得古法，行书次之，正书又次之”，沈景修认为王书只有楷书可观。

〔八〕绥之，即谢绥之。苏州秀才，沈景修好友。光绪十五年（1889）曾题《五亩园图》。光绪十七年，沈景修曾偕凌磬声、费云舫、姚凤生、任友濂、施邕白、谢绥之登苏州天平山。

〔九〕凤生，即姚孟起，字一作凤笙，吴县贡生。

〔一〇〕五亩园，位于苏州城北桃花坞西大营门，园名取自《孟子·梁惠王上》“五亩之宅树之以桑，五十者可以衣帛矣”。最早建于北宋年间，屡有兴废。清道光、咸丰年间，叶氏得是园，筑而新之，成为文人雅集之处。后归潘氏。咸丰十年（1860）兵燹后，荒芜不堪，潘氏遂于光绪十五年（1889）捐与轮香局善堂，成为寄存灵柩之所。1921 年，苏州昆剧传习所成立于此。

# 沈景修致俞粟庐书三

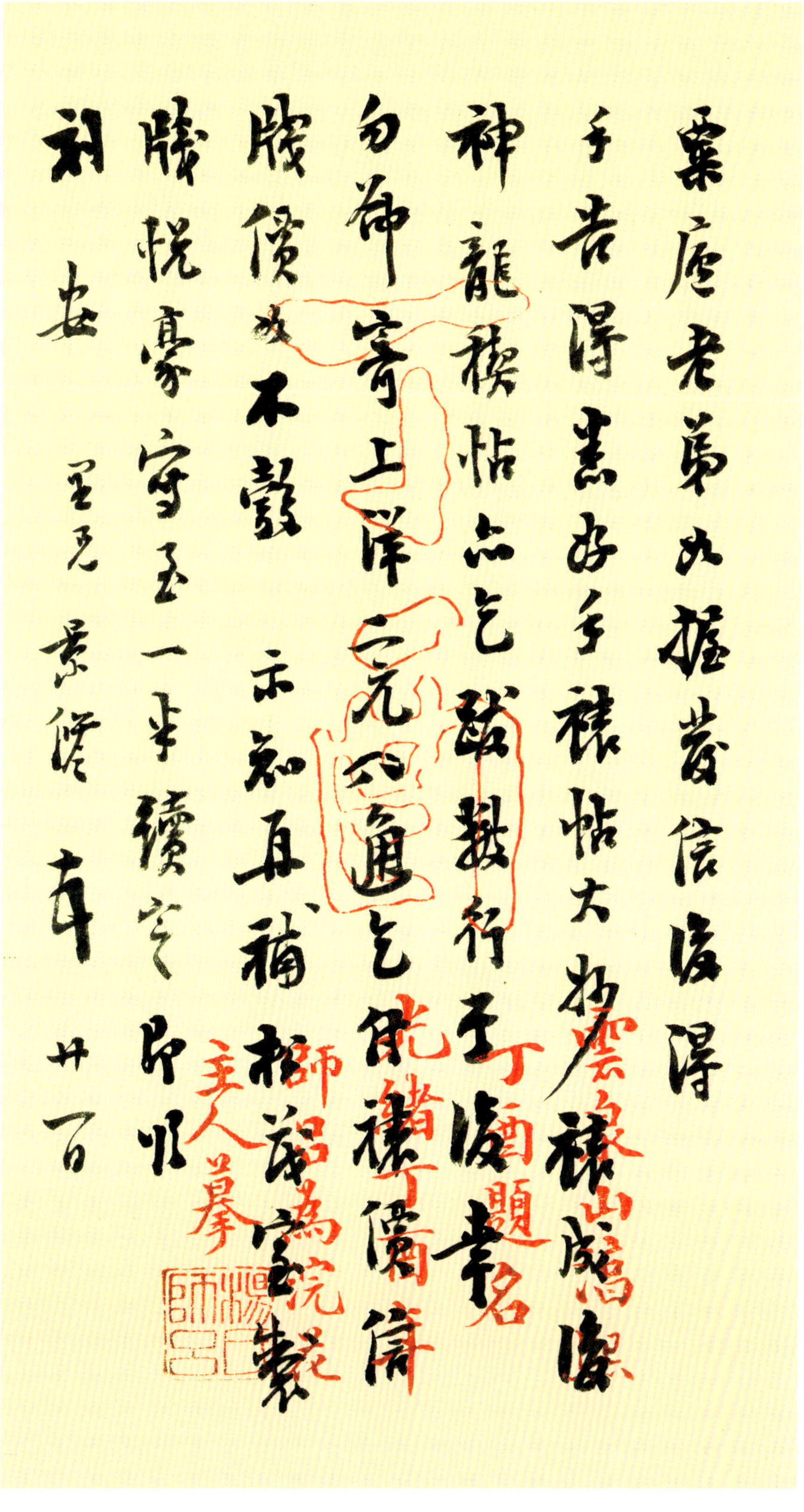
粟庐老弟如握：接信后得
手告，得书，承手禊帖大妙，属禊跋像
神龙禊帖亦已跋数行，呈后赏
匀即寄上。洋二元八角，乞代禊价扇
价值及不敷，示知再补。拟托宝装
价悦豪写至一半，续寄即收
祉安 星兄 景修 年 廿日

【释文】

粟庐老弟如握：发信后得手告，得悉好手裱帖，大妙！裱成后，《神龙禊帖》[一]亦乞跋数行于后[二]，幸勿却。寄上洋二元八角，乞付裱价、信笺价。如不够，示知再补。松茂室[三]制笺悦豪，写至一半，续定。即颂刻安！愚兄景修顿首。廿一日。

【考注】

〔一〕神龙禊帖，一般指唐代书法家冯承素临摹的《兰亭序》。冯承素见过王羲之《兰亭序》真迹，故此帖被认为是后人临摹《兰亭序》的最佳本。因卷首有“神龙”二字，故又称神龙本。

〔二〕俞粟庐给五侄俞建侯信中写道：“沈师四月（1894）到苏见之，大为称赏，以为金石与碑学目下不可多得。师所藏旧碑尽嘱加跋。”

〔三〕松茂室，苏州著名售笺商店兼作坊。

# 沈景修致俞粟庐书四

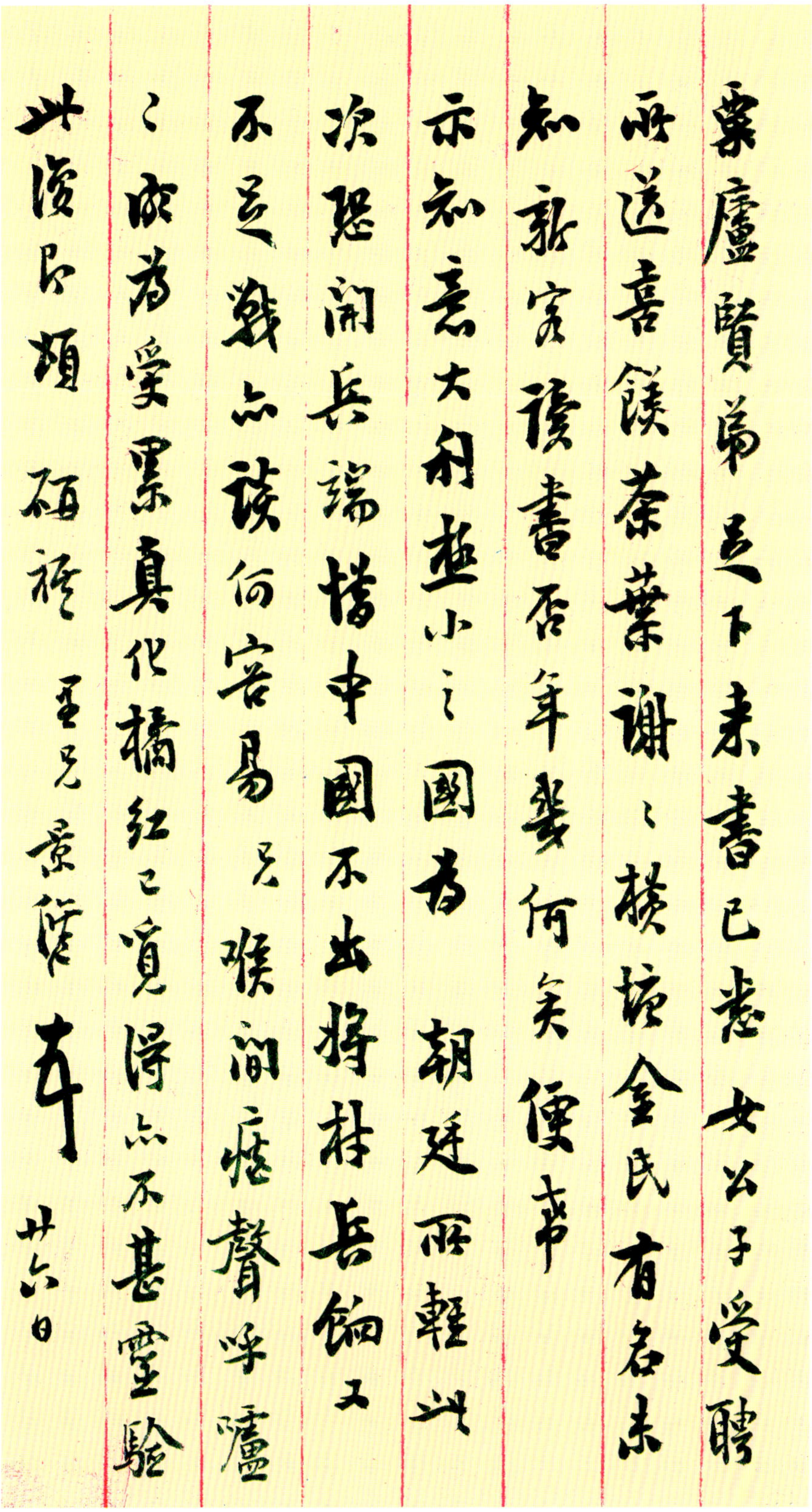

粟廬賢弟足下：來書已悉。女公子受聘，所送喜餻、茶葉，謝謝。横塘金氏有名未知？新宅讀書否？年紀何矣？便中示知。意大利極小小國，為朝廷所輕，以次開兵端，惜中國不出將材，長偏又不足戰，亦談何容易。兄喉間痰聲呼嚧之，欲為受累，真化橘紅已覓得，亦不甚靈驗。此復，即頌硯禧。愚兄景修手。廿六日

【释文】

粟庐贤弟足下：来书已悉。女公子[一]受聘所送喜馔、茶叶，谢谢！横塘金氏有名，未知新客读书否？年几何矣？便希示知。意大利极小之国，为朝廷所轻，此次恐开兵端。惜中国不出将材，兵饷又不足，战亦谈何容易！兄喉间痰声呼噜噜，颇为受累。真化橘红已觅得，亦不甚灵验。此复，即颂砚祺！愚兄景修顿首。廿六日。

【考注】

〔一〕女公子，指俞粟庐前妻王氏所生之女，嫁于苏州横塘金家，三年而亡。

# 沈景修致俞粟庐书五

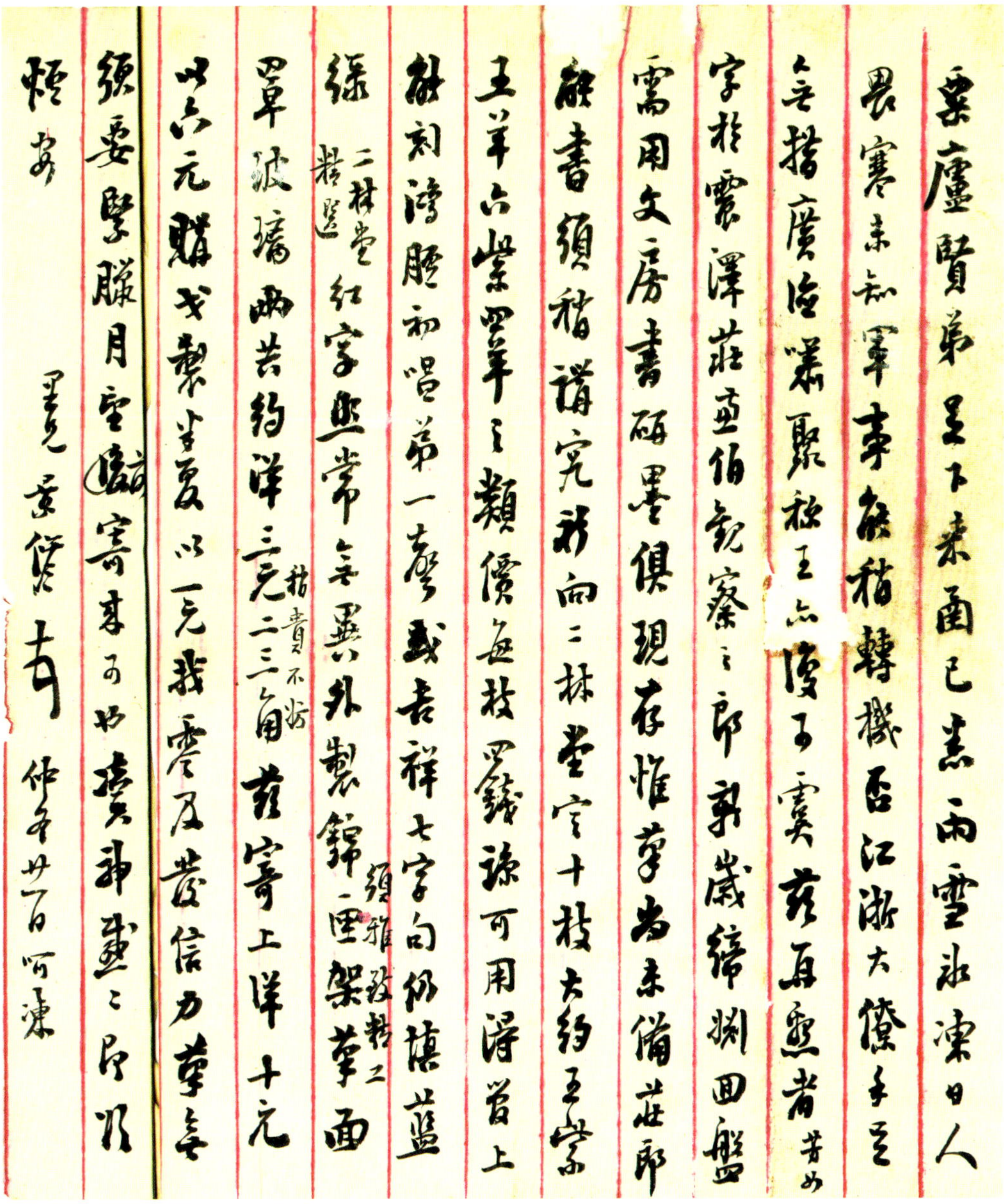
粟廬賢弟足下來函已悉雨雪冰凍日人
畏寒未知軍事能稍轉機否江浙大僚手足
無措廣帥畢聚秋王亦僅可寶茲有照者共四
字於震澤莊查伯欽家之郎郭歲締㴉田盤
需用文房書硯墨俱現存惟筆尚未備莊郎
能書須稽譜究於向二林堂定十枝大約五紫
五羊六紫羊毫之類價每枝百錢諒可用得上
能刻詩牘初唱第一聲或吉祥七字句仍填藍
綠二林堂精選紅字照常無異外製錦匣架筆函須雅致精之
單玻璃兩片約洋三元二三角精貴不妨並寄上洋十元
以六元購戈製半夏以一元我處及發信力等無
須要緊臘月望後寄來可也費神費之即頌
恆安　兄景修頓首　仲冬廿日河凍

【释文】

粟庐贤弟足下：来函已悉。雨雪冰冻，日人〔一〕畏寒，未知军事能稍转机否？江浙大僚，手足无措，广德啸聚称王，亦复可虞。兹再恳者，芳如〔二〕字于震泽庄兼伯观察〔三〕之郎，新岁缔姻，回盘〔四〕需用文房，书、砚、墨俱现存，惟笔尚未备。庄郎能书，须稍讲究。祈向二林堂〔五〕定十枝，大约五紫五羊、六紫四羊之类。价每枝四钱，谅可用得。管上能刻“鸿胪初唱第一声”或吉祥七字句，仍填蓝绿。“二林堂精选”红字照常无异。外制锦匣，须雅致精工。架笔面罩玻璃。两共约洋三元二三角。稍贵不妨。兹寄上洋十元，以六元购戈制半夏，以一元找零及发信力。笔无须要紧，腊月望前寄来可也。渎神感感，即颂炉安！愚兄景修顿首。仲冬廿一日呵冻。

【考注】

〔一〕日人，指日本人，事关甲午战争。

〔二〕芳如，沈景修女。

〔三〕观察，清官员中道员之别称，也称观察使，辖省内若干府、县，为四品官员。

〔四〕回盘，古代婚俗，男方送聘礼后，女方的回礼称为“回盘”。

〔五〕二林堂，苏州著名制笔庄。

# 沈景修致俞粟庐书六

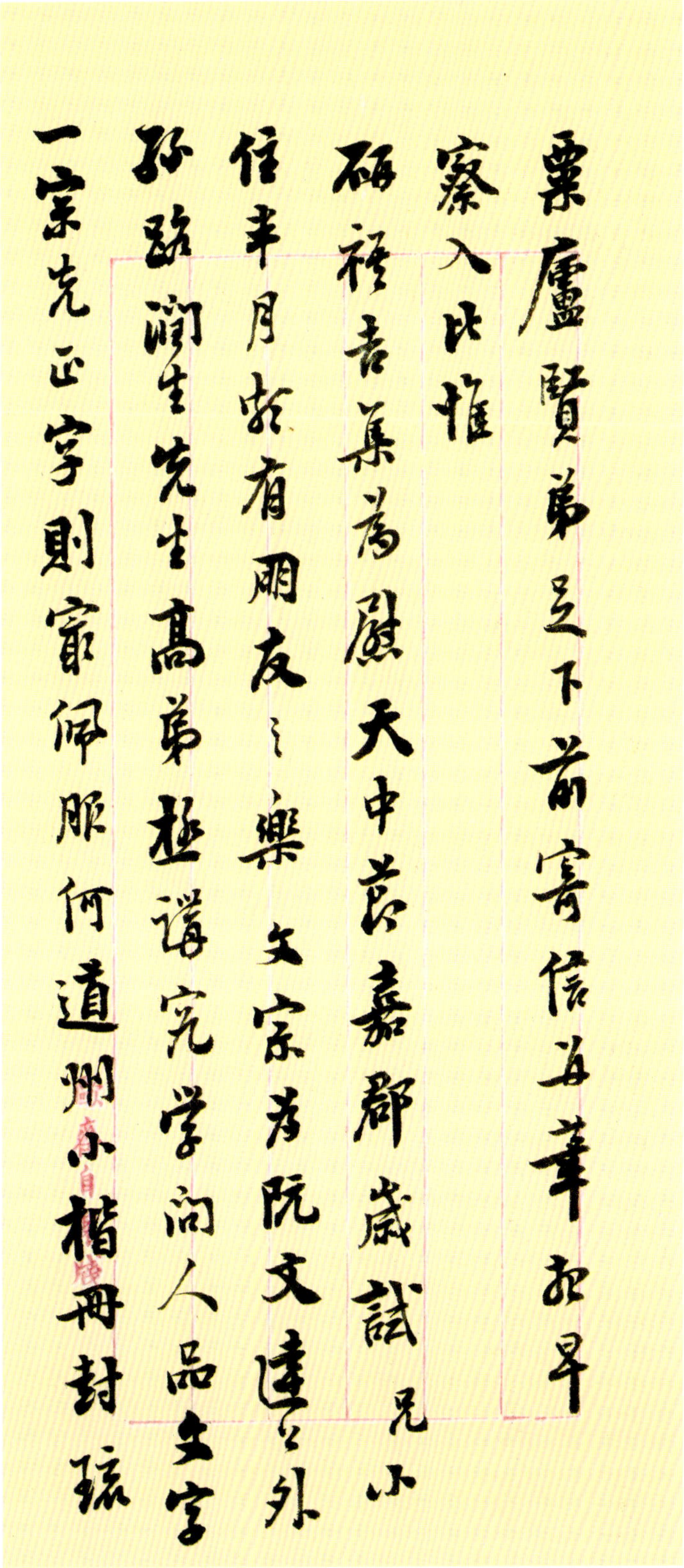
粟廬賢弟足下前寄信並華札早
察入比維
硯祺吉集為慰天中茲嘉郡歲試兄小
住半月頗有朋友之樂文宗為阮文達之外
孫路潤生先生高弟極講究學問人品文字
一宗先正字則家佩服何道州小楷冊封琉

球賦以爲帖意獨深，雖大雖小一轉進時
劍拔弩張習氣。兄三年前曾影寫一本，
極得神似，皆從故紙堆中檢出，寄上，祈察。墨
耕堂裱作冊頁，何是中摺式，配楠木匣蓋，
前後加空頁四開。鄙意不須挖裱，只要如佛
家經摺式可也。祈
匋匋兄　進時手牋　夏甚

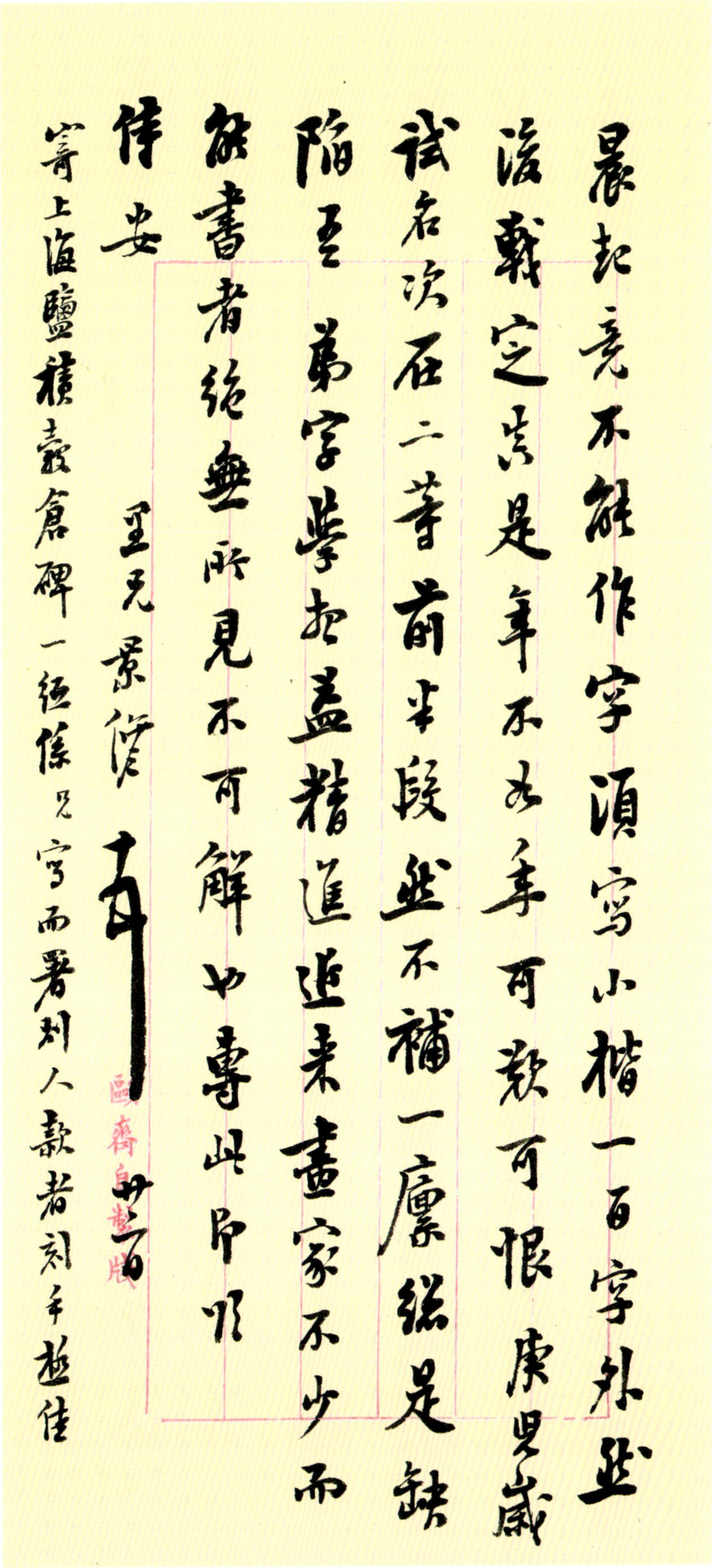
晨起竟不能作字須寫小楷一百字外並
後載定之當是年不如年可歎可恨康兒歲
試名次在二等前半段並不補一廪總是缺
陷至弟字學極益精進近來畫家不少而
能書者絕無所見不可解也專此即頌
侍安
星兄景修頓首
寄上海鹽積穀倉碑一紙係兄寫而署刻人款者刻手極佳

【释文】

粟庐贤弟足下：前寄信并笔，想早察入。比惟砚祺吉集为慰。天中节〔一〕嘉郡〔二〕岁试〔三〕，兄小住半月，颇有朋友之乐。文宗〔四〕为阮文达〔五〕公外孙，路润生〔六〕先生高弟，极讲究学问、人品。文字一宗先正，字则最佩服何道州〔七〕小楷《册封琉球赋》，以为帖意独深，能大能小，一矫近时剑拔弩张习气。兄三年前曾影写一本，极得神似。特从故纸堆中检出寄上，祈交墨耕堂〔八〕裱作册页，仍是巾折式〔九〕，配楠木底盖，前后加空页四开。鄙意不须挖裱〔一〇〕，只要如僧家经忏式〔一一〕可也。祈酌之。兄近时手战更甚，晨起竟不能作字，须写小楷一百字外，然后战定。真是年不如年，可叹可恨！庚儿〔一二〕岁试名次在二等前半段，然不补一廪〔一三〕，总是缺陷。吾弟字学，想益精进。近来画家不少，而能书者绝无所见，不可解也！专此，即颂侍安！愚兄景修顿首。廿二日。

寄上海盐《积谷仓碑》一纸，系兄写而署别人款者。刻手极佳。

【考注】

〔一〕天中节，即端午节。

〔二〕嘉郡，即浙江嘉兴，又称嘉禾、秀水。

〔三〕岁试，亦称岁考。明代提学官和清代学政每年对所属府、州、县的生员、廪生进行考试，分别优劣，酌定赏罚。

〔四〕文宗，一般指众人所认同的文章大家，这里指阮文达的外孙。

〔五〕阮文达，即阮元（1764—1849），谥号文达，清代著名政治家、学问家、教育家，历乾隆、嘉庆、道光三朝，有“三朝阁老，九省疆臣，一代文宗”之誉。

〔六〕路德（1765—1851），字润生，嘉庆己巳年进士，入翰林院，选为庶吉士。

〔七〕何道州，即何绍基（1799—1873），字子贞，湖南道县人，人称何道州。道光进士，清代诗人、书法家。

〔八〕墨耕堂，苏州裱画店。

〔九〕巾折式，册页的一种形式，由左向右翻开。裱成通折连成一体的，称为“经折式”。

〔一〇〕挖裱，即将绫按字画的大小挖空，嵌入画心，再进行装裱。为全绫裱的一种形式。

〔一一〕经忏式，古人常将佛经裱成册页，便于诵读。

〔一二〕庚儿，即沈庚藻，沈景修儿子。沈景修此次到嘉兴，即为陪同儿子参加岁试。

〔一三〕廪，指廪生。清代秀才分贡生、监生、廪生，其等级、地位不同。廪生每年有四两银子津贴。

# 沈景修致俞粟庐书七

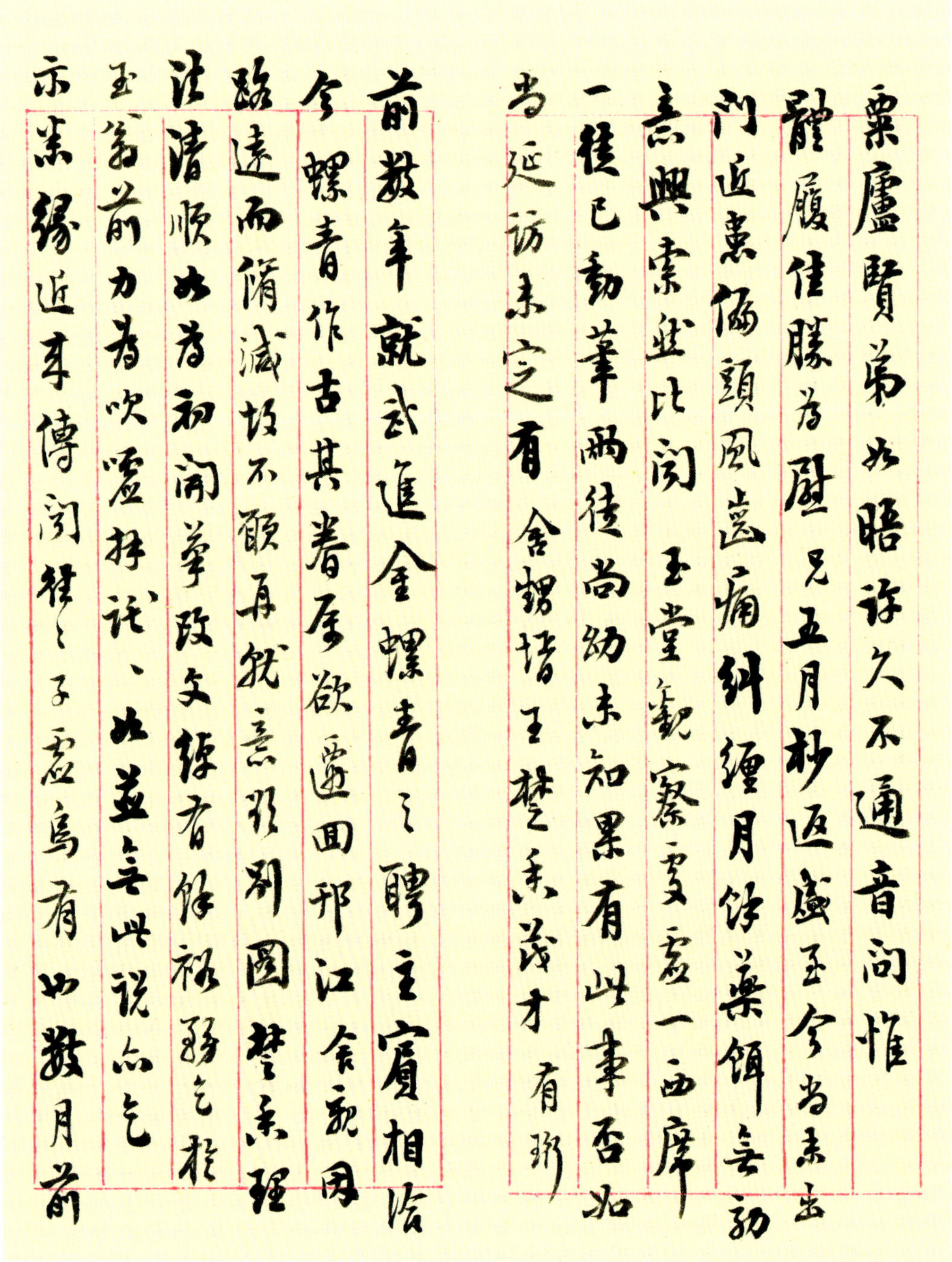

粟廬賢弟如晤：許久不通音問，惟
體履佳勝為慰。兄五月杪返盛，至今尚未出
門，近患偏頭風，甚痛，纏綿月餘，藥餌無効，
意興索然。此間玉堂觀察處一西席
一徒已動筆，兩徒尚幼，未知果有此事否。如
尚延訪未定，有舍甥諸王楚秉茂才，有珩
前數年就武進金螺青之聘，主賓相洽，
今螺青作古，其眷屬欲還回邗江，舍甥因
路遠而脩減，故不願再就，意擬別圖。楚秉理
法清順，如為初開筆改文綫者，頗稱職，務乞於
玉翁前力為吹噓推託。如並無此說，亦乞
示悉。緣近來傳聞往往子虛烏有，如數月前

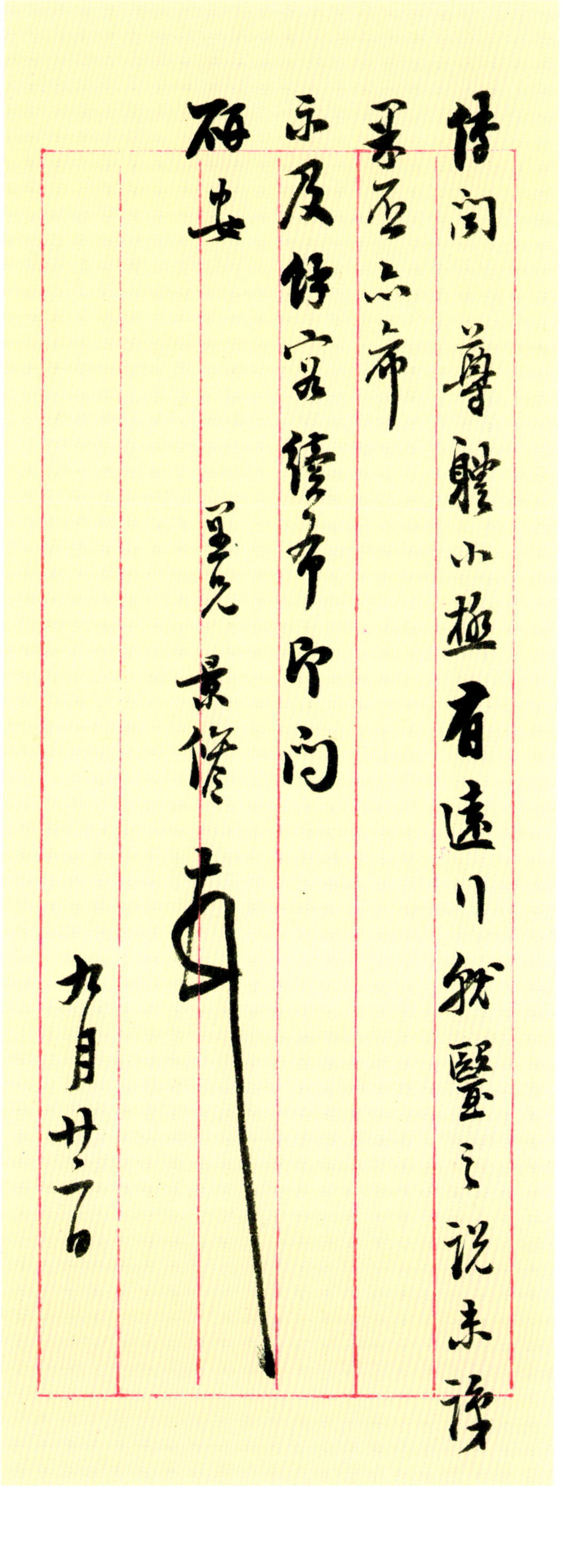
得聞尊體小極，有遠行，然醫之說未詳，
果否已痊，
示及。餘容續布，即問
研安。
愚兄景修頓
九月廿日

**【释文】**

粟庐贤弟如晤：许久不通音问，惟体履佳胜为慰。兄五月杪返盛至今，尚未出门。近患偏头风，齿痛纠缠月余，药饵无效，意兴索然。比闻玉堂观察〔一〕处虚一西席〔二〕，一徒已动笔，两徒尚幼，未知果有此事否？如尚延访未定，有舍甥婿王楚香茂才有珩，前数年就武进金螺青〔三〕之聘，主宾相洽。今螺青作古，其眷属欲迁回邗江。舍亲因路远而脩减〔四〕，故不愿再就，意欲别图。楚香理法清顺，如为初开笔改文，绰有余裕。务乞于玉翁〔五〕前，力为吹嘘。拜托拜托！如并无此说，亦乞示悉。缘近来传闻，往往子虚乌有也。数月前传闻尊体小极〔六〕，有远行就医之说，未识果否？亦希示及。余容续布。即问砚安！愚兄景修顿首。九月廿二日。

**【考注】**

〔一〕玉堂观察，指许仲笵。

〔二〕西席，指古代官宦、大户人家的私塾教师。

〔三〕金螺青，清同治、光绪年间江苏地方官员，先后任昆山、武进知县及苏州知府。

〔四〕脩，即束脩，代指古代教师的报酬。

〔五〕玉翁，即许仲笵。

〔六〕小极，即小病。语出《世说新语·言语》：“顾司空未知名，诣王丞相，丞相小极，对之疲睡。”

# 沈景修致俞粟庐书八

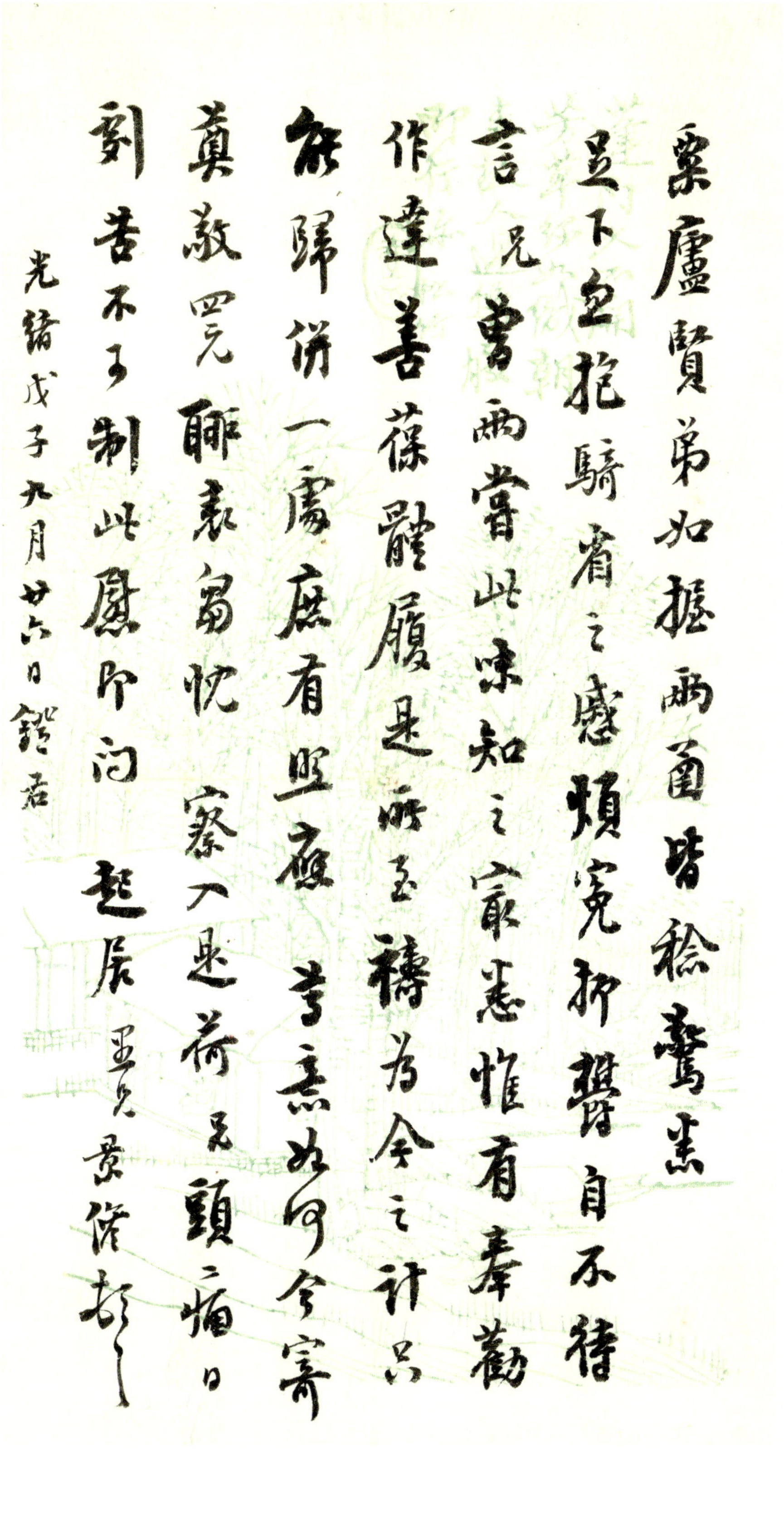
粟廬賢弟如握兩函皆稔驚悉
足下近抱騎肴之感頓寬抑鬱自不待
言兄曾兩嘗此味知之最悉惟有奉勸
作達善葆體履是所至禱為今之計只
能歸併一處庶有照應兄意如何今寄
奠敬四元聊表寸忱察入是荷又頭痛日
劇苦不可制此覆即問
起居　愚兄景修頓首
光緒戊子九月廿六日鐙右

【释文】

粟庐贤弟如握：两函皆稔。惊悉足下忽抱骑省之戚[一]，烦冤抑郁，自不待言。兄曾两尝此味，知之最悉，惟有奉劝作达，善葆体履，是所至祷！为今之计，只能归并一处，庶有照应，尊意如何？今寄奠敬四元，聊表刍忱，察入是荷。兄头痛日剧，苦不可制。此慰，即问起居！愚兄景修顿首。光绪戊子[二]九月廿六日灯右。

【考注】

〔一〕骑省之戚，此指俞妻王氏去世，卒年三十六岁。宋词人史达祖有《忆瑶姬·骑省之悼》词。

〔二〕戊子，光绪十四年（1888）。

# 沈景修致俞粟庐书九

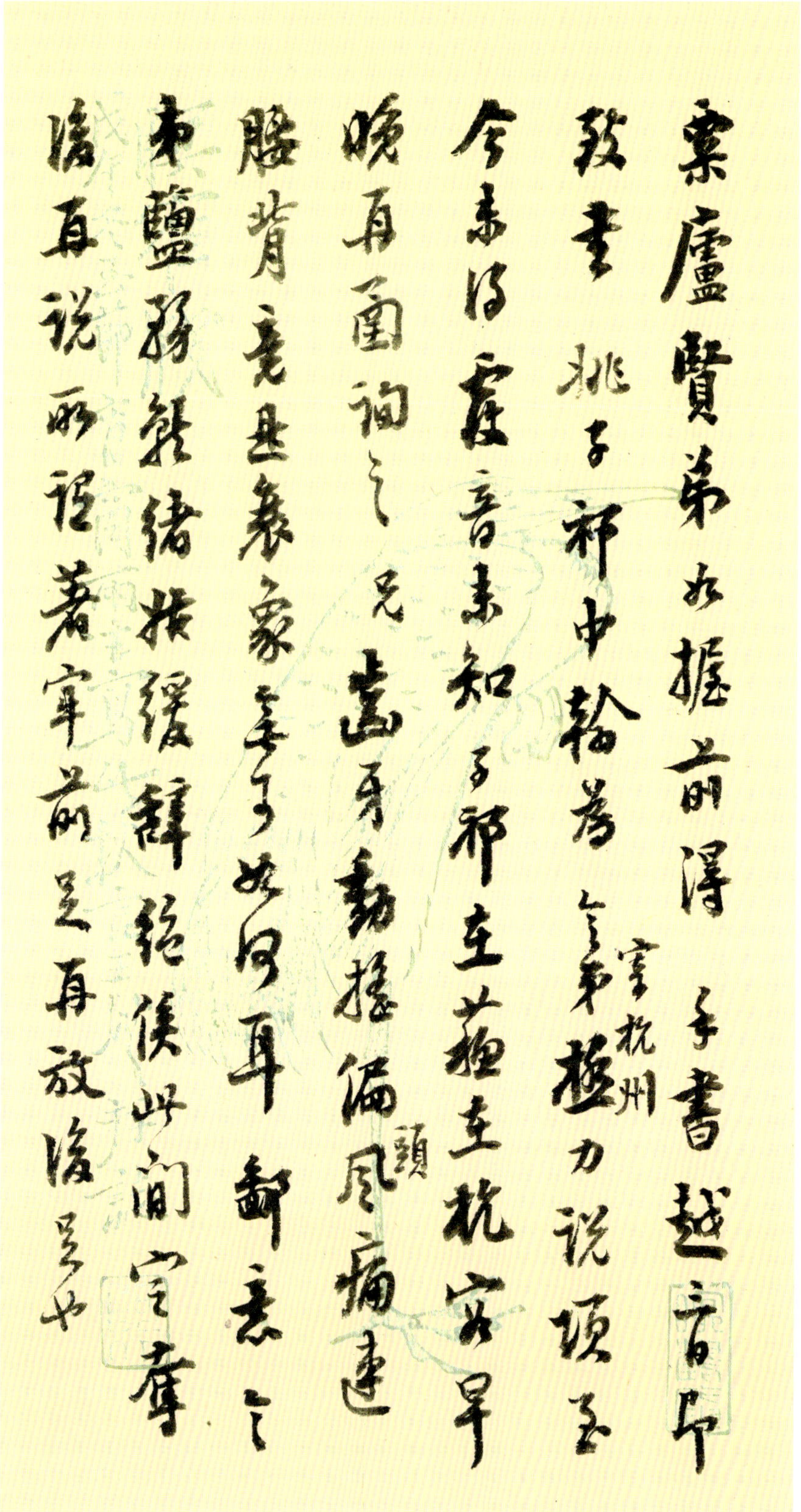

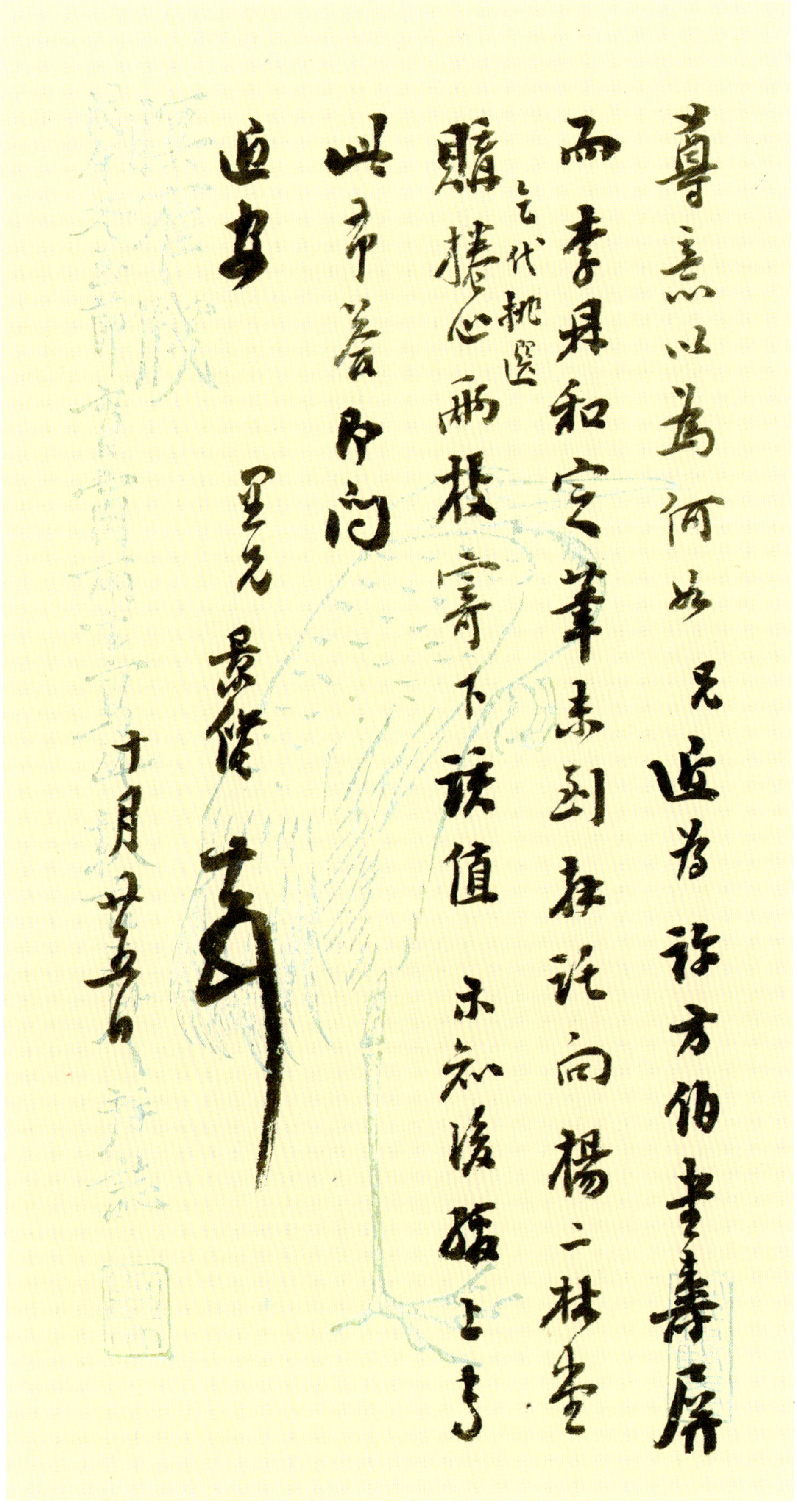

尊意以為何如　兄近有許方伯書壽屏
而李月和定筆未到，茲託向楊二林處
購揀心兩枝（乞代挑選）寄下，該值示知後撥上
此布，蓋即問
近安
星兄　景佺　[illegible]
十月廿五日

**【释文】**

粟庐贤弟如握：前得手书，越三日即致书。姚子祁中翰[一]为令弟[二]寄杭州。极力说项，至今未得覆音。未知子祁在苏在杭，容早晚再函询之。兄齿牙动摇，偏头风痛连腰背，竟是衰象，无可如何耳！鄙意令弟盐务就绪，姑缓辞绝，俟此间定夺后再说。所谓著牢前足，再放后足也。尊意以为何如？兄近为许方伯[三]书寿屏，而李鼎和[四]定笔未到。拜托向杨二林堂购卷心两枝乞代挑选。寄下。该值示知后缴上。专此布答，即问近安！愚兄景修顿首。十月廿五日。

**【考注】**

〔一〕中翰，明清时内阁中书之别称。

〔二〕令弟，俞粟庐之弟俞宗汉。

〔三〕方伯，清代布政使的别称。

〔四〕李鼎和，清末制笔大师，精制湖笔。李鼎和笔墨庄是上海名店。

# 沈景修致俞粟庐书一〇

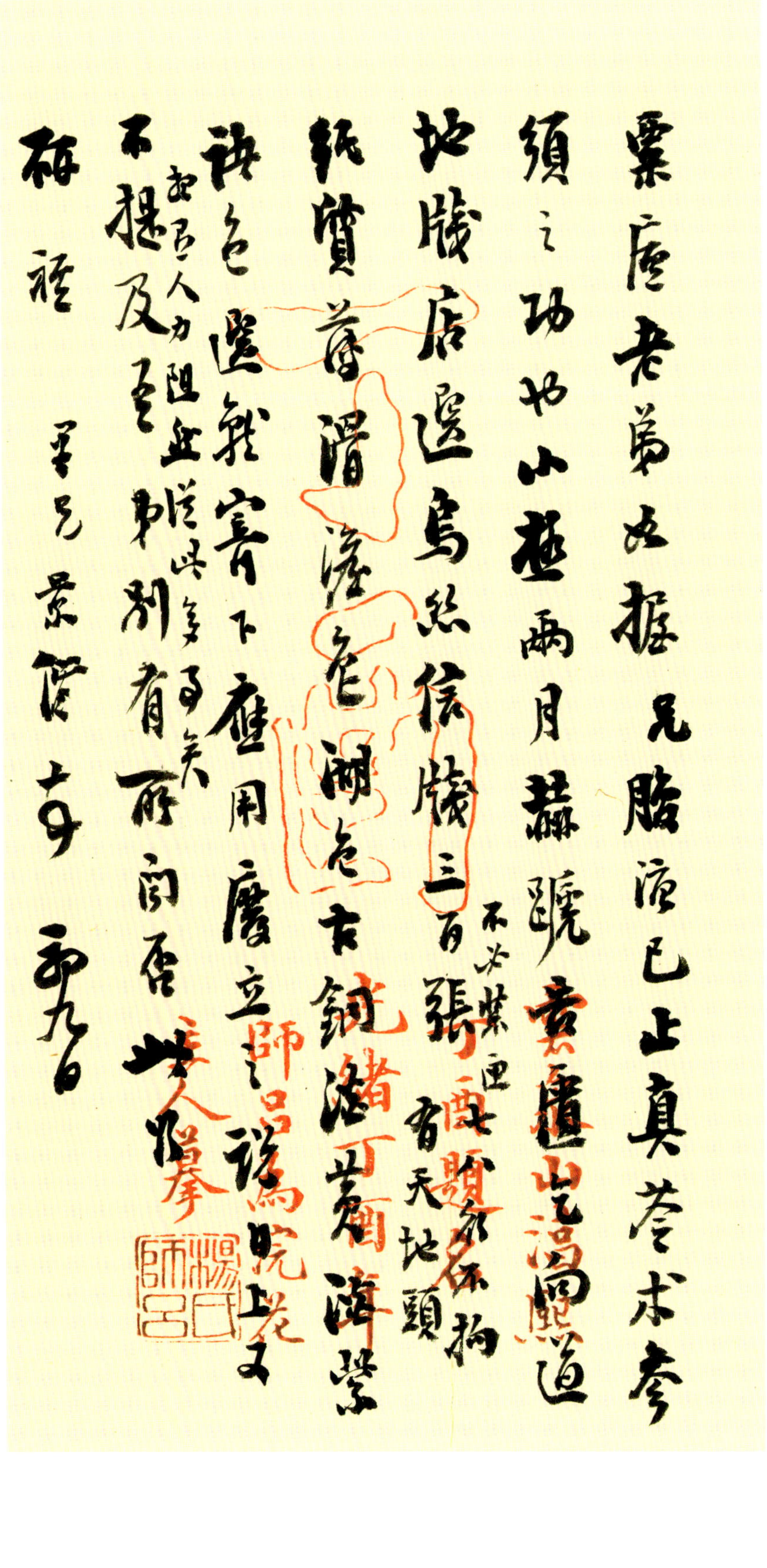
粟庐老弟如握：兄腊底已上真苍术参须之功也。山极两月，苏号遍道。地笺店还乌丝信笺三百张，不必紫面，七分亦不拘，有天地头，纸质薄滑，浅色湖色古铜浅黄诸样，诸色还能寄下，应用广立之谈，曝上文。不提及至事，别有所闻否，此复（恐已人力阻止，近况多事矣），研祺。

兄景修顿首 十月初九日

## 【释文】

粟庐老弟如握：兄腹溏已止，真苓术参须之功也。小极两月，赫蹏[一]告匮，乞向道地笺店选乌丝信笺[二]三百张，不必装匣，七八行不拘，有天地头。纸质薄滑，淡色、湖色、古铜、淡黄、淡紫诸色，选就寄下应用。废立之说[三]，日上又不提及，想有人力阻，然从此多事矣！吾弟别有所闻否？此颂砚祺，愚兄景修顿首。初九日。

## 【考注】

〔一〕赫蹏，薄而小的纸。

〔二〕乌丝信笺，界乌丝栏的信笺。

〔三〕废立之说，疑指慈禧欲废光绪事。

# 沈景修致俞粟庐书一一

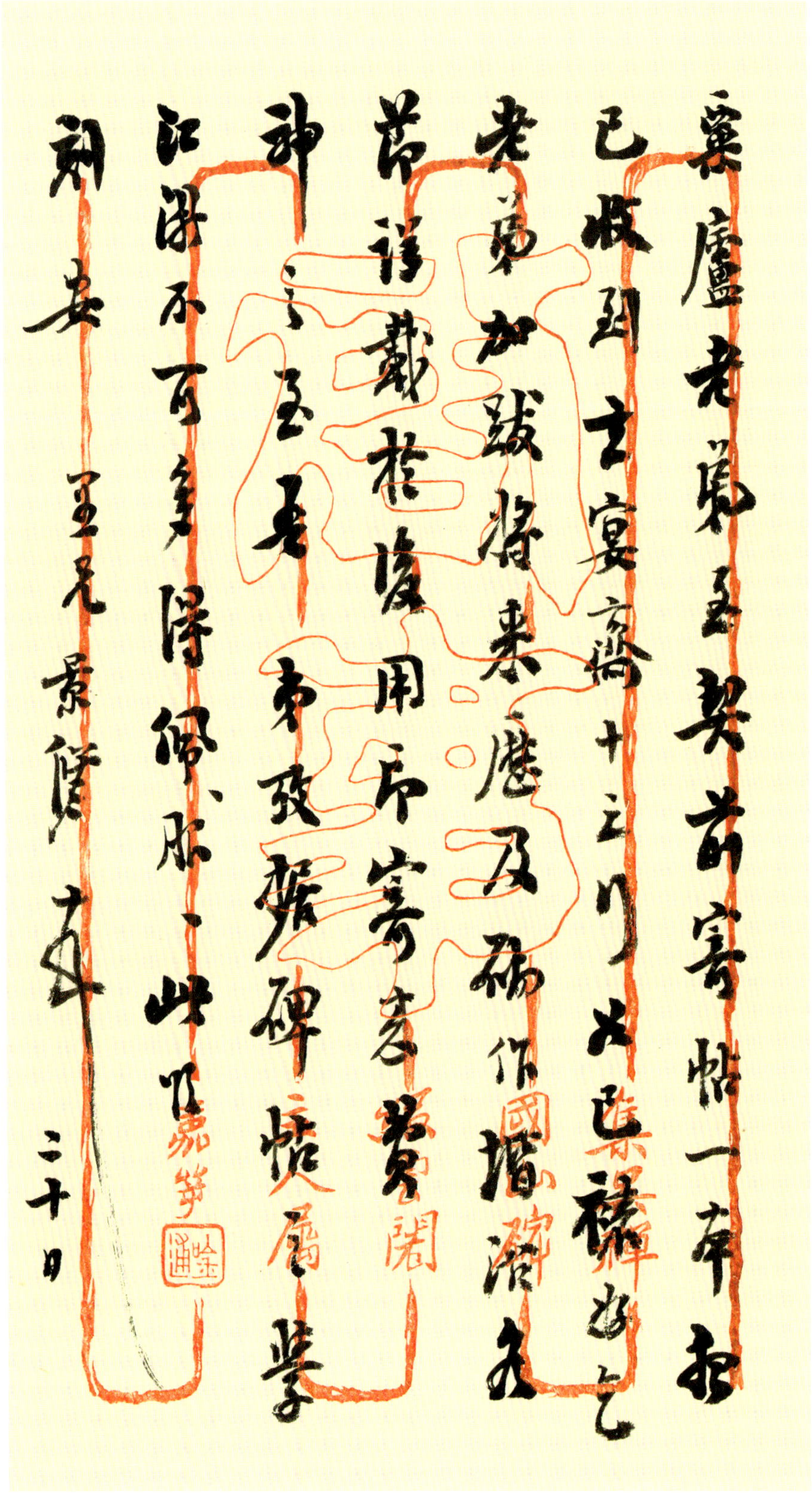
粟廬老弟足下：契前寄帖一本，想
已收到。去宴斋十二门文已录齐，乞
老弟加跋，将来历及碑作增添矣，
并详载于后。用印寄去，赏阅
神之至。再者，弟拟碑帖属篆
江湖不可多得……此叩
刻安。
弟景修顿首 二十日

【释文】

粟庐老弟至契：前寄帖一本，想已收到。《玄宴斋十三行》[一]如已裱好，乞老弟加跋，将来历及砌作阶沿各节[二]详载于后，用印寄来。费神之至！吾弟考据碑帖之学，江浙不可多得。佩服佩服！此颂刻安！愚兄景修顿首。二十日。

【考注】

〔一〕《玄宴斋十三行》，即玄宴斋刻印的王献之《洛神赋十三行》。

〔二〕此句言需要俞粟庐加跋之内容，除此碑之来历，还有重新装裱的工艺。

# 沈景修致俞粟庐书一二

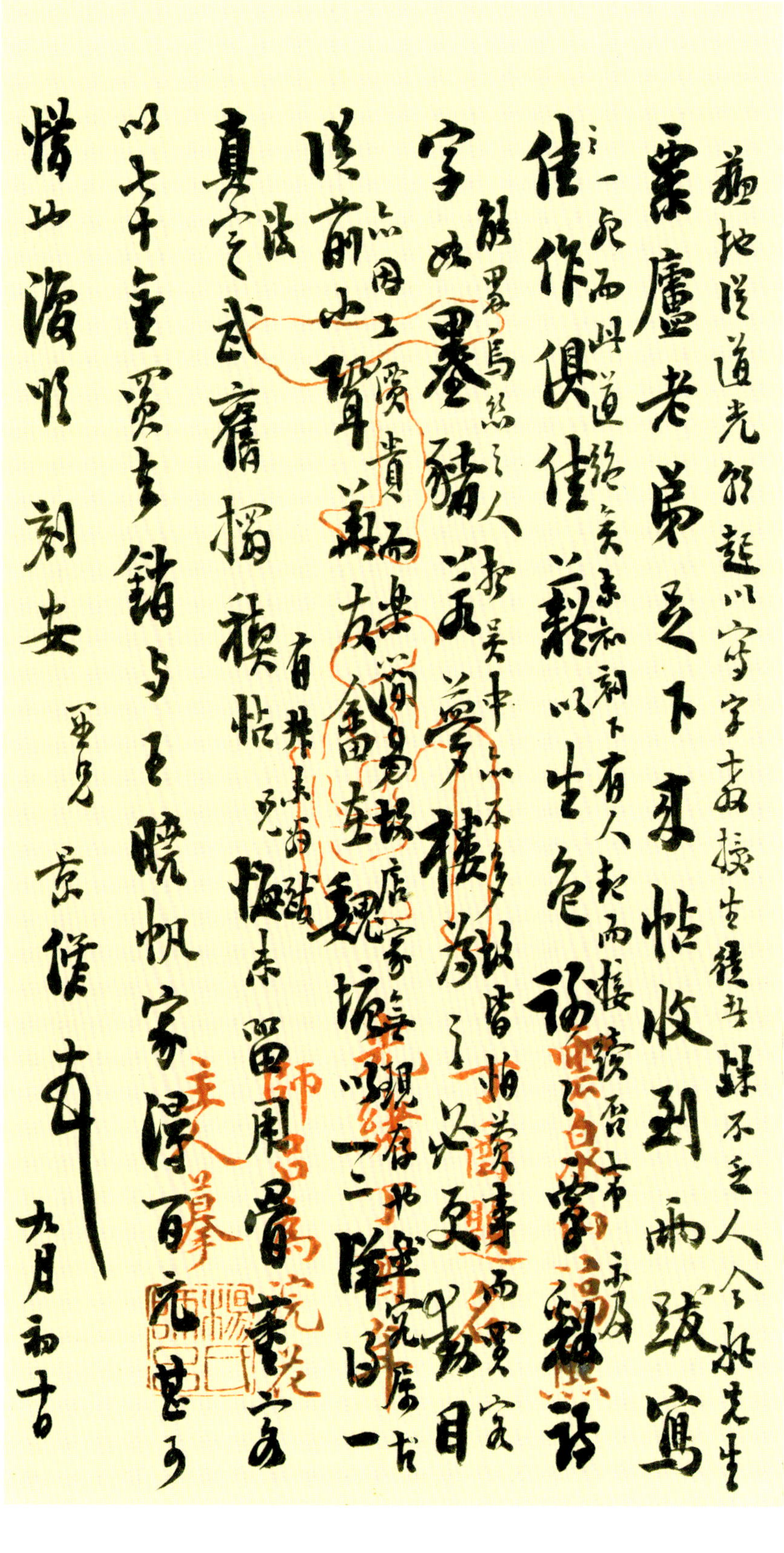

**【释文】**

粟庐老弟足下：来帖收到。两跋写作俱佳，藉以生色，谢谢！苏地从道光朝起，以写字教授生徒者殊不乏人。今姚先生〔一〕一死而此道绝矣！未知刻下有人起而接续否？希示及。能界乌丝〔二〕之人，想吴中亦不多，故皆怕费事，而买客亦因工价贵而乐简易，故店家无现存也，然究属古法。

覃溪〔三〕诗字如墨猪〔四〕，若梦楼〔五〕为之，必更动目。从前小巩华友畲，在魏塘〔六〕以一二洋得一真定武旧拓禊帖〔七〕，有叔未翁〔八〕跋。悔未留用。骨董客以七十金买去，销与王晓帆家，得百元，甚可惜也。复颂刻安！愚兄景修顿首。九月初十日。

**【考注】**

〔一〕姚先生，即姚凤生。见沈景修致俞粟庐书二注〔九〕。

〔二〕乌丝，指古代书画卷册中，有画成之界栏，红色者谓之朱丝栏，黑色者谓之乌丝栏。

〔三〕覃溪，即翁方纲（1733—1818），清代书法家、文学家、金石学家。乾隆十七年进士，授编修。沈景修对翁字贬多褒少，他在给年兄陈豪的信中道：“覃溪行书，无论大小，皆俗不可耐！唯中年墨守《化度寺碑》，则竟是永兴、率更，无一杜笔掺入，可谓老到。”

〔四〕墨猪，明董其昌云：“善用笔者清劲，不善用笔者浓俗——鲜浓者，古所谓无筋无力者，谓之墨猪也。”

〔五〕梦楼，即王文治（1739—1802），字禹卿，号梦楼。清代著名书法家。探花出身，授翰林，升侍读，官云南临安知府、兰州知府。

〔六〕魏塘，属浙江嘉善县。

〔七〕定武旧拓禊帖，即唐刻欧阳询临本《兰亭序》，旧称定武本。

〔八〕叔未翁，即张廷济（1768—1848），字顺安，号叔未，清代金石学家、书法家。

# 沈景修致俞粟庐书一三

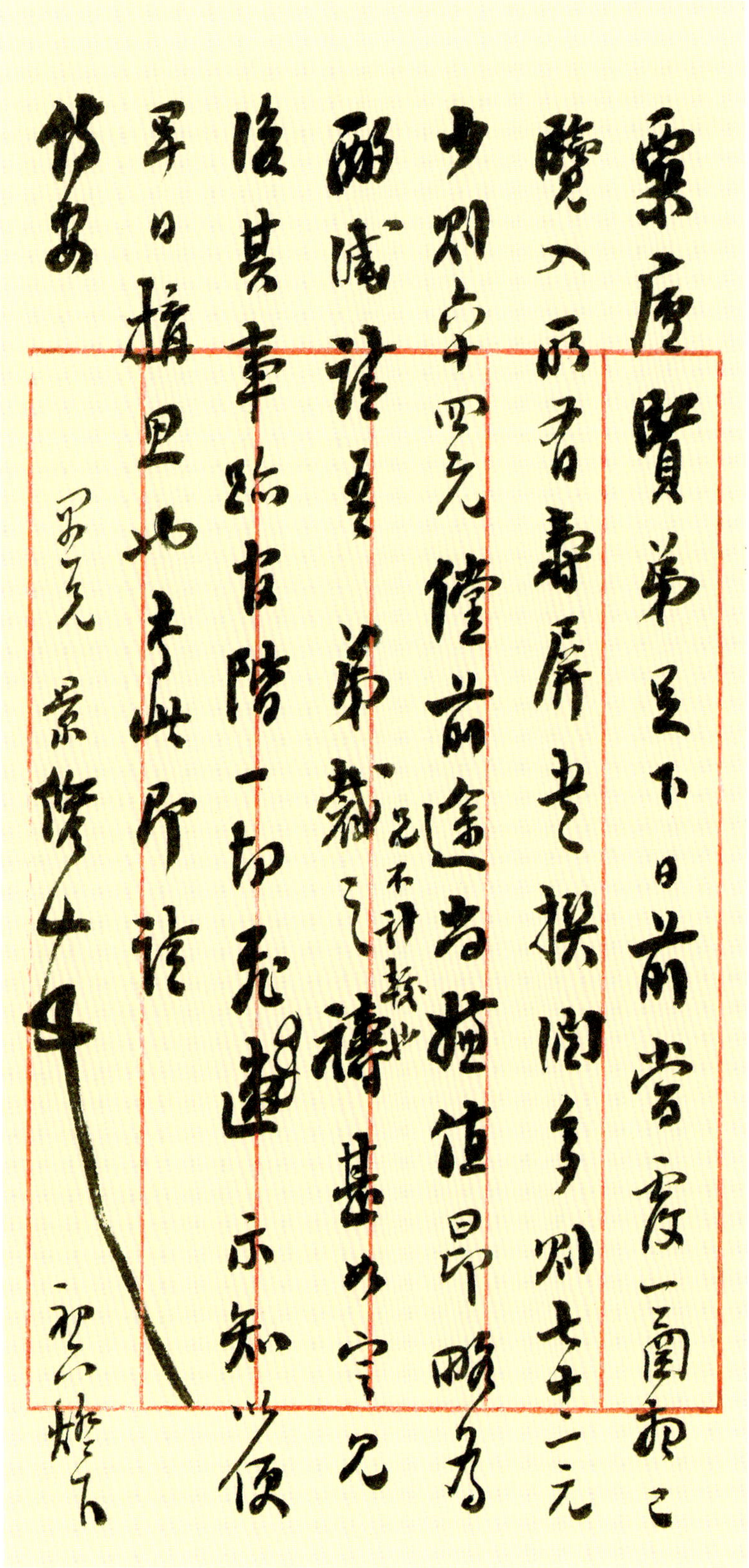

粟廬賢弟足下：日前嘗覆一函，亦已覽入。所著壽屏長撰，潤多則七十二元，少則六十四元。儻前途尚擬值昂，即盼為酬應。請吾弟裁之（兄不計較也），禱甚盼之。定見復，其事始可階一切再遞，示知以便早日摘出也。專此即請

竹安。

小兄 景修 頓首 初六燈下

【释文】

粟庐贤弟足下：日前尝覆一函，想已览入。所有寿屏书撰，润多则七十二元，少则六十四元，倘前途〔一〕尚嫌值昂，略为酌减，请吾弟裁之，兄不计较也。祷甚！如定见后，其事迹、官阶一切飞速示知，以便早日构思也〔二〕。专此，即请侍安！愚兄景修顿首。初六灯下。

【考注】

〔一〕前途，原意前面的路。此处指旧时居间者与人接洽时，隐去姓名，称另一方为前途。

〔二〕此句指古人代人撰写寿屏，可长可短，内容根据当事人的需要和生平事迹拟定。

# 沈景修致俞粟庐书一四

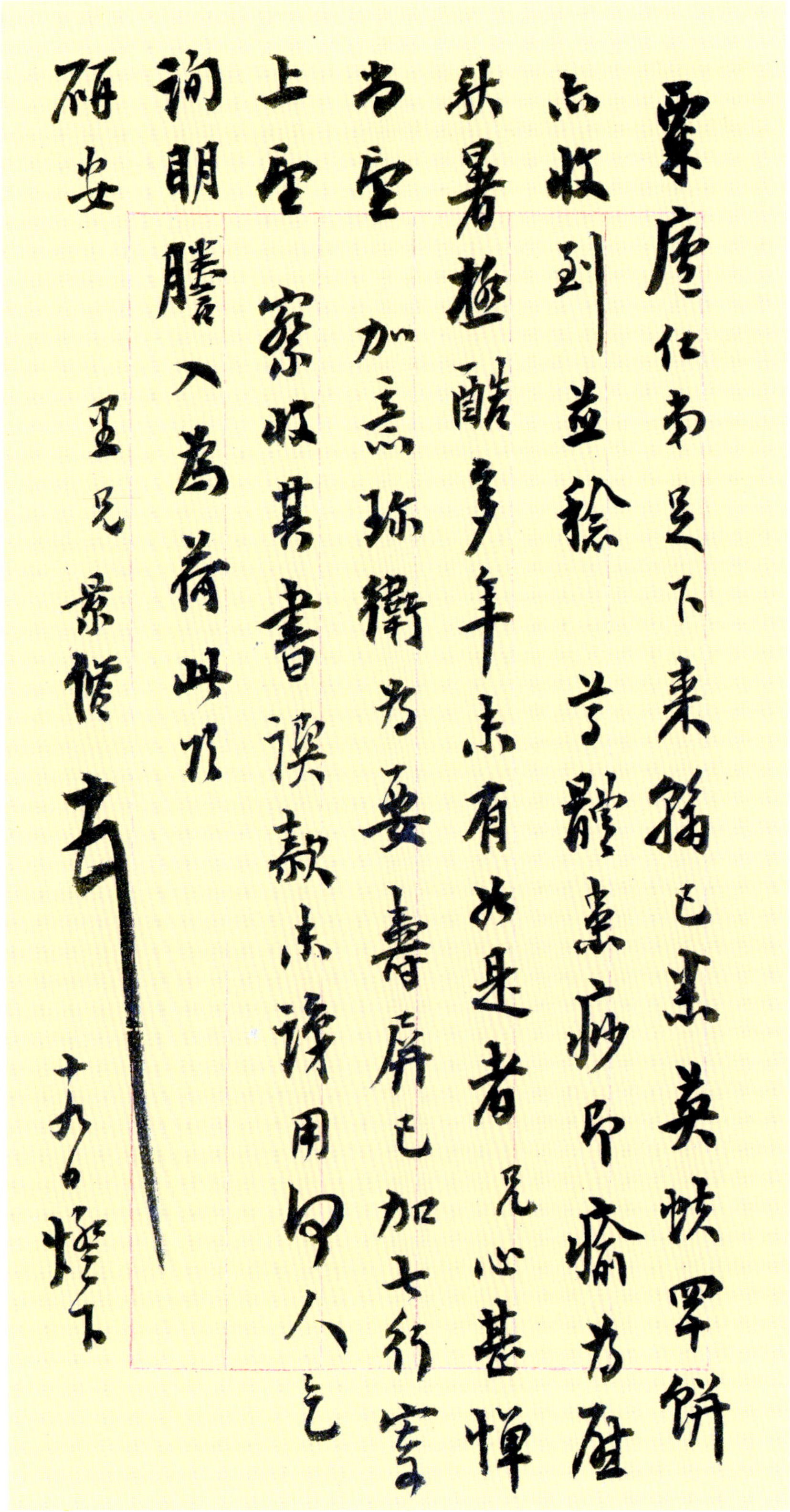

粟廬仁弟足下：來翰已悉。英蚨罕餅亦收到，並諗
尊體患病即瘉為慰。秋暑極酷，多年未有如是者，兄心甚悼，為望
加意珍衛為要。壽屏已加七行寫
上，望察收。其書誤款未詳用何人之，詢明謄入為荷。此頌
研安
愚兄景修頓首
十九日燈下

【释文】

粟庐仁弟足下：来翰已悉，英蚨[一]四十饼亦收到，并稔尊体患痧即愈为慰。秋暑极酷，多年未有如是者，兄心甚惮，尚望加意珍卫为要。寿屏已加七行寄上，望察收。其书撰款未识用何人？乞询明誊入为荷。此颂砚安！愚兄景修顿首。十九日灯下。

【考注】

〔一〕蚨，古代指铜钱。英蚨，俗称鹰洋，也称英洋，明万历年间从欧美进口。

# 沈景修致俞粟庐书一五

粟廬賢弟足下前日寄奉一信并堂

額屏冊想均覽入一昨又得

簡翁又索壽屏每幅兩元亟來索許之

下也名印兩枚貴友原札寄還望

查收為要王鎮軍壽屏是否再作便乞

示悉為荷此復即問許君字路舲係書叔廖芸岑之契耳

著安

愚兄景修

十九日

**【释文】**

粟庐贤弟足下：前日寄奉一信并堂额屏册，想均览入。一昨又得简翰，已悉寿屏每幅两元，照来意许之可也。名印两枚，贵友〔一〕原札寄还，望查收为要。王镇军寿屏是否再作？便乞示悉为荷。此复，即问箸安！愚兄景修顿首。十九日。

许君字迹颇似法书，想属苔岑〔二〕之契耳。

**【考注】**

〔一〕贵友，即附言中所指许君。

〔二〕苔岑，此处指许君之子与俞粟庐相似。晋郭璞《赠温峤》诗："人亦有言，松竹有林，及尔臭味，异苔同岑。"后称意气相投的挚友为苔岑。

# 沈景修致俞粟廬书一六

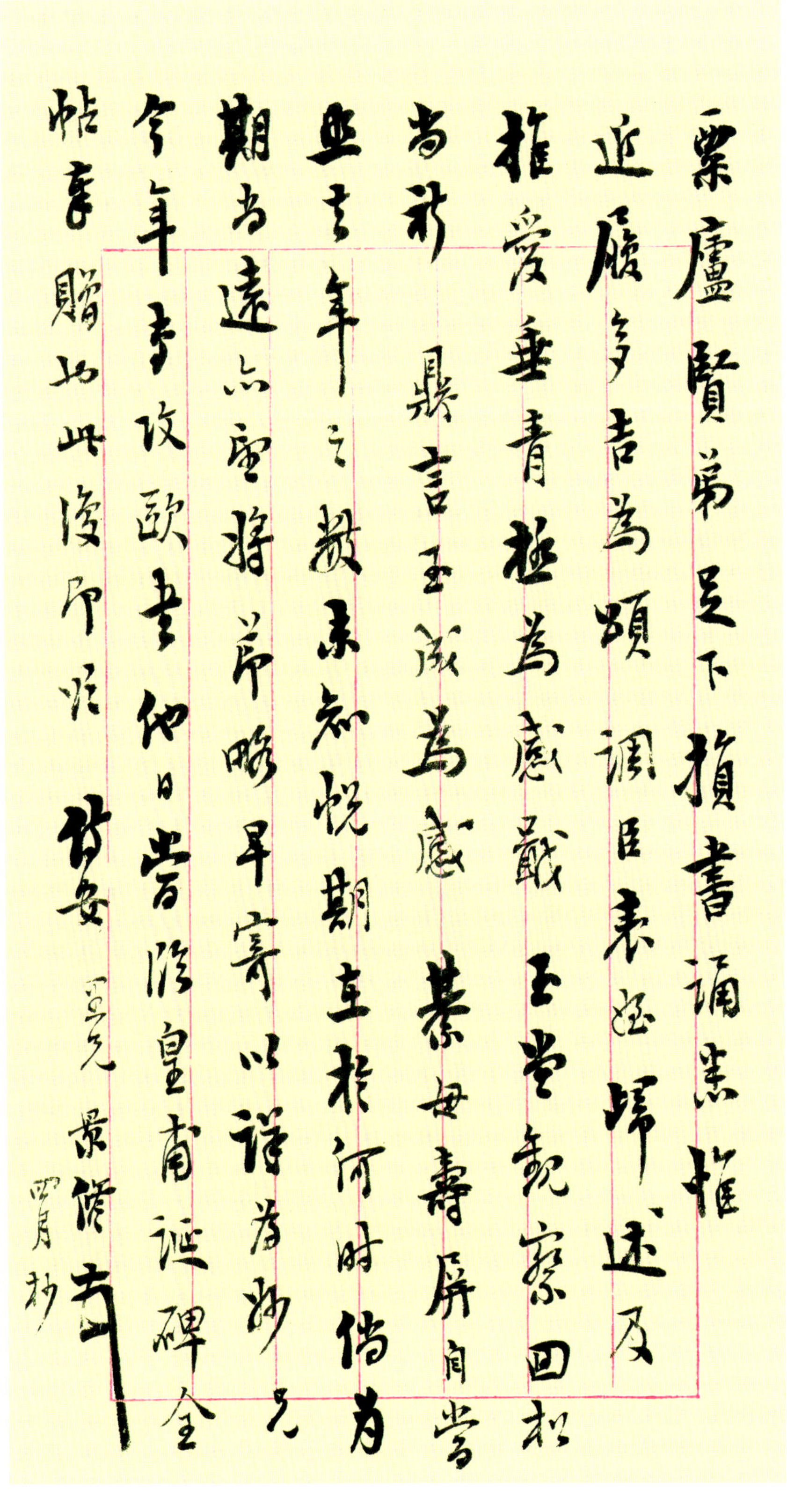

粟廬賢弟足下損書誦悉惟
近履多吉為頌調臣表姪歸述及
推愛垂青極為感感玉堂觀察回杭
尚祈鼎言玉成為感慕母壽屏自當
照去年之數承知悅期定於何時倘為
期尚遠亦盼將節略早寄以詳為妙兄
今年專攻歐書他日當臨皇甫誕碑全
帖奉贈如此復即頌時安愚兄景修上
四月杪

**【释文】**

粟庐贤弟足下：损书〔一〕诵悉，唯近履多吉为颂。调臣表侄归，述及推爱垂青，极为感戢。玉堂观察回松，尚祈鼎言玉成为感。綦母寿屏，自当照去年之数，未知悦期〔二〕在于何时？倘为期尚远，亦望将节略早寄，以详为妙。兄今年专攻欧书〔三〕，他日尝临《皇甫诞碑》〔四〕，全帖奉赠也。此复，即颂侍安！愚兄景修顿首。四月杪。

**【考注】**

〔一〕损书，意为对方贬损了自己的身份写的书信，这是古人对别人的敬词。

〔二〕悦期，做寿日期。

〔三〕欧书，唐代书法家欧阳询所创的字体。

〔四〕《皇甫诞碑》，欧阳询书法代表作之一。

# 沈景修致俞粟庐书一七

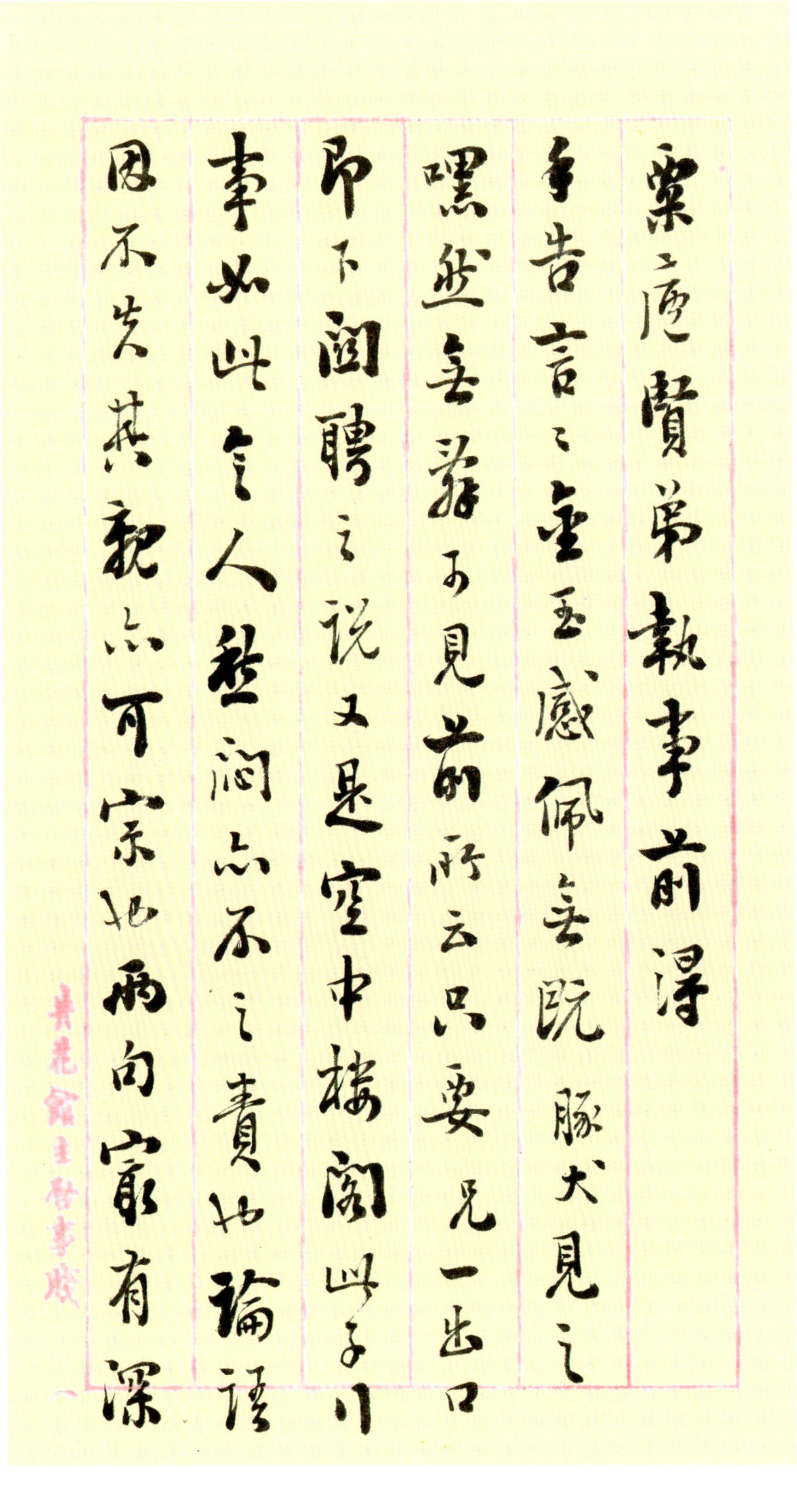
粟庐贤弟执事：前得
手告，言之金玉，感佩無既。豚犬見之
嘿然無辭。吾前所云只要兒一出口
即下闈聽之說，又是空中樓閣，此子川
事如此之人，雖閱亦不之責也。論語
因不失其親，亦可宗也兩句，家有深

味乃所依〻人年少浮躁自己尚立
歸不定安望有益於他人益友拔
友胸中全未了〻豈可輕言出門兄
之人推算與子星命剋下正交敗運
斬斷倒夢想變〻從前穢叢中見
路而康莊大道舍棄弗由好言規勸

尹光館主珍藏

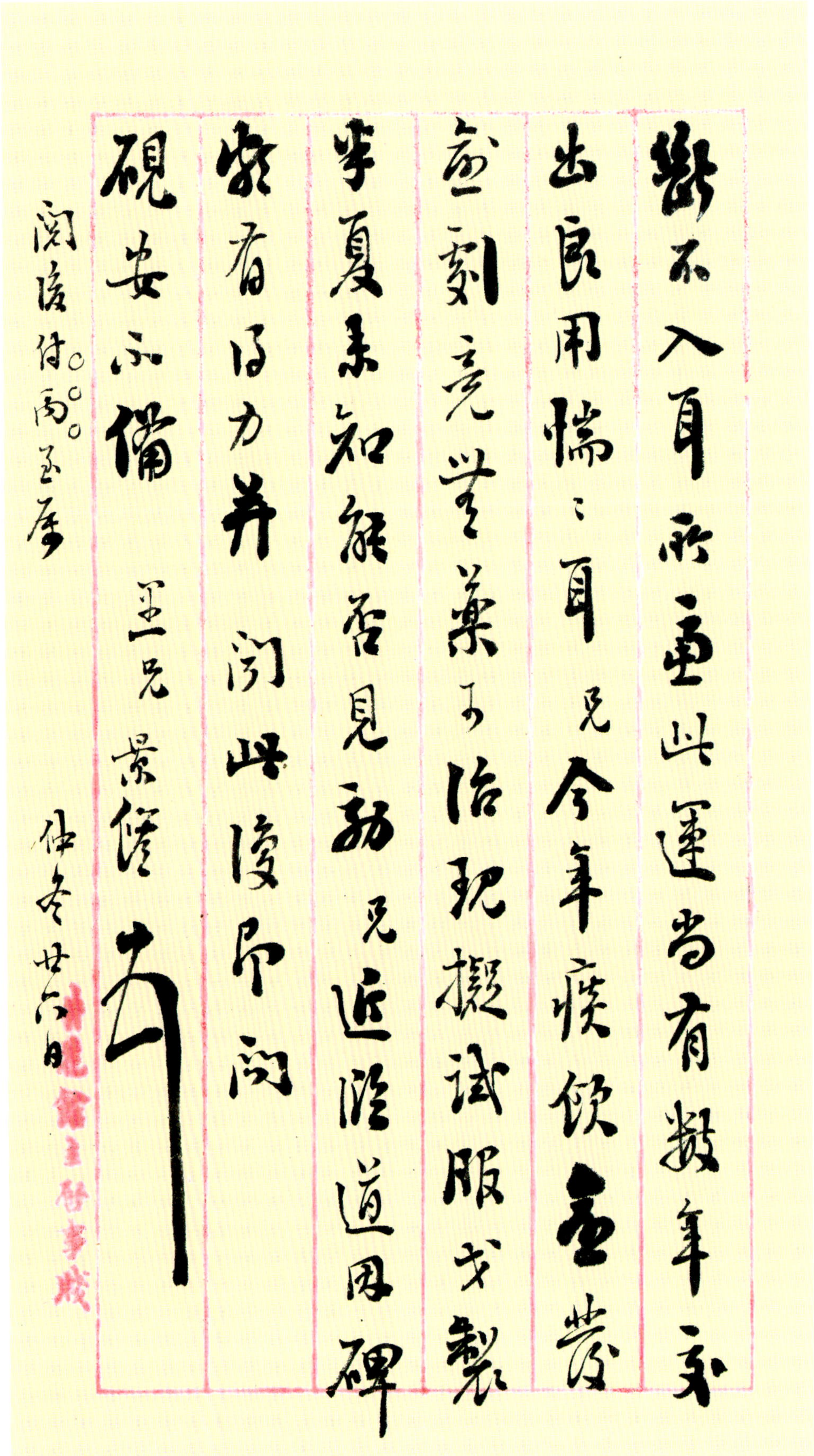

斷不入耳。所重此運當有數年來出，良用憮憮耳。兄今年痰飲重發，愈劇，竟無藥可治，現擬試服戈製半夏，未知能否見効。兄近臨道因碑，筆有得力，并閱此後即問硯安，不備。

玉兄

景僧大

仲冬廿六日

閱後付丙為要

**【释文】**

粟庐贤弟执事：前得手告，言言金玉，感佩无既！豚犬[一]见之，嘿然无辞。可见前所云只要兄一出口，即下关聘[二]之说，又是空中楼阁。此子行事如此，令人愁闷，亦不之责也。《论语》“因不失其亲，亦可宗也”[三]，两句最有深味。乃所依之人，年少浮躁，自己尚立脚不定，安望有益于他人？益友、损友胸中全未了了，岂可轻言出门。兄乞人推算此子星命，刻下正交败运，故颠倒梦想，处处从荆棘丛中觅路，而康庄大道舍却弗由，好言规劝，断不入耳。所虑此运尚有数年交出，良用惴惴耳。兄今年痰饮愈发愈剧，竟无药可治。现拟试服戈制半夏，未知能否见效？兄近临《道因碑》[四]，颇有得力，并闻。此复，即问砚安，不备！愚兄景修顿首。仲冬廿六日。

阅后付丙[五]至嘱！

**【考注】**

〔一〕豚犬，指愚笨如猪狗的儿子。

〔二〕关聘，聘书。

〔三〕因，作依靠解；宗，作可靠解。此两句意思是所依靠的是亲近之人，也就可靠了。

〔四〕《道因碑》，唐欧阳通书法代表作之一，全称为《道因法师碑》。

〔五〕付丙，古代以天干配五行，丙、丁属火。后称火为丙丁或丙，并把付诸火焚，称付丙丁或付丙。

# 沈景修致俞粟庐书一八

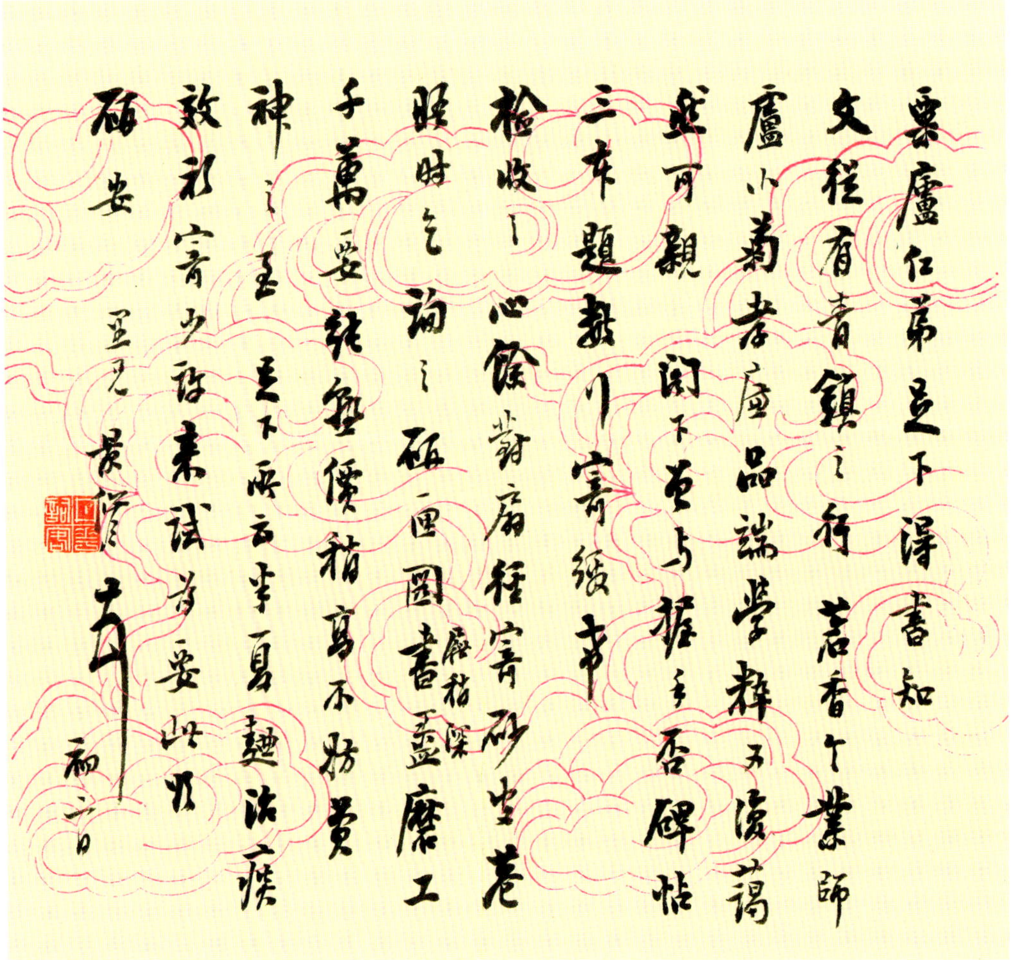
粟廬仁弟足下得書知
文旌有青鎮之行 苕香乃業師
廬小菊孝廉品端學粹可資請
益可親閣下並與握手否碑帖
三本題數行寄繳幸
檢收之心餘對扇經寄砂出卷
照時乞詢之硯一匣圖書麻栝深壺磨工
千萬要純熟價稍高不妨費
神之至 足下所云半夏麴治痰
效形寄少許來試並要此方
硯安 愚兄景修頓首 初二日

**【释文】**

粟庐仁弟足下：得书知文从有青镇〔一〕之行。茗香今业师卢小菊孝廉〔二〕，品端学粹，又复蔼然可亲，阁下曾与握手否？碑帖三本题数行寄缴，希检收之。心余对扇，径寄砂皮巷，晤时乞询之。砚匣图书盝〔三〕，屉稍深。磨工千万要纯熟，价稍高不妨，费神之至！足下所云半夏曲治痰效，祈寄少许来试为要。此颂砚安！愚兄景修顿首。初二日。

**【考注】**

〔一〕青镇，青浦镇。

〔二〕卢小菊，清同治癸酉举人，曾历任青镇立志书院山长、南浔浔溪书院山长。孝廉，古代提倡立身以孝，从政以廉。自汉以来，察举孝廉成为自下而上选拔人才的重要途径。被推举之人，大多为通晓经书的儒生。

〔三〕盝，小盒。

# 沈景修致俞粟庐书一九

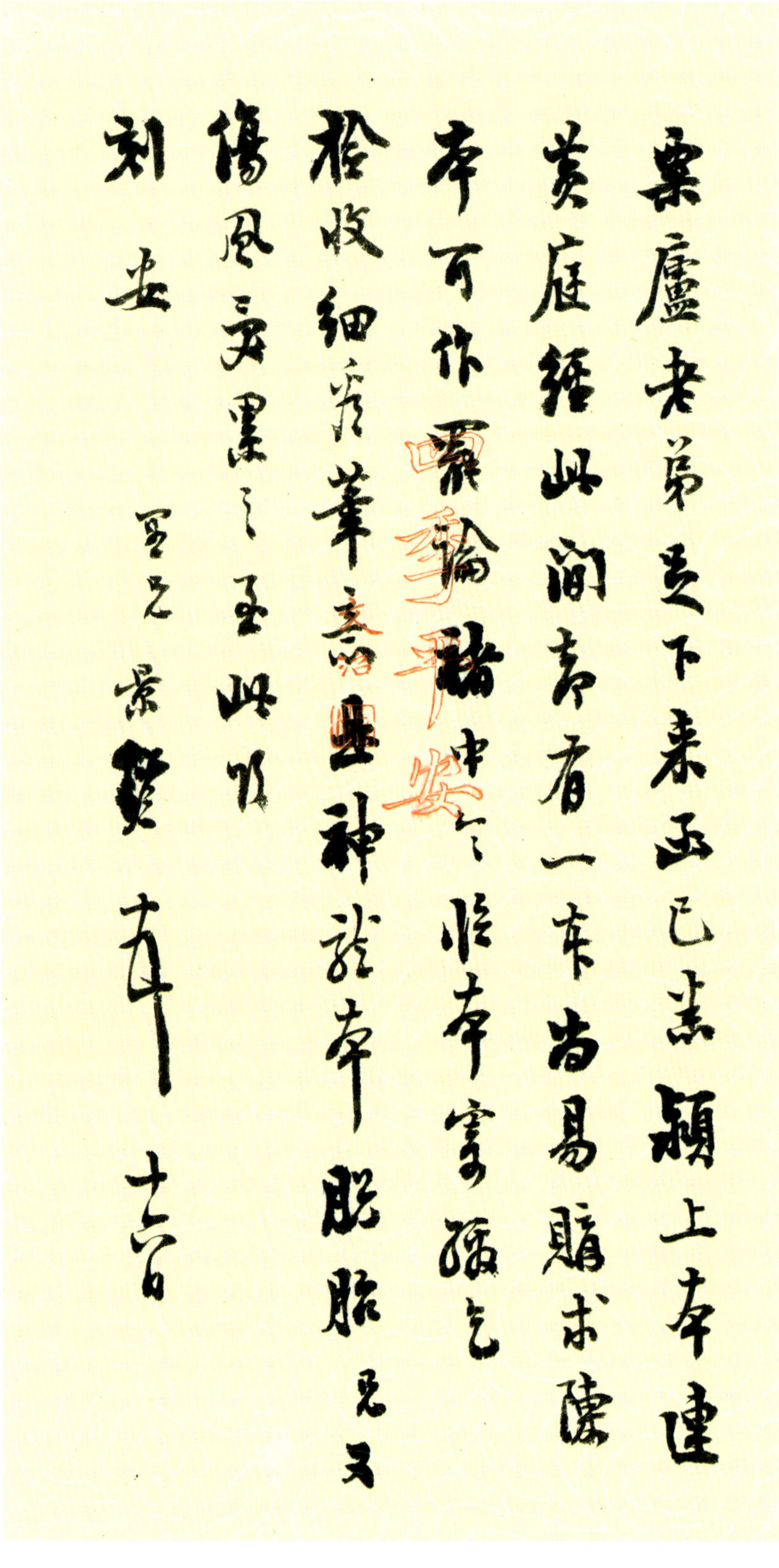
粟廬老弟足下來函已悉穎上本達
貴庭經此間查有一本尚易購求陳(?)
本可作覆論(?)諸中々將本寄孫(?)乞
檢收細看筆意甚神龍本脫胎兄又
傷風久(?)累(?)々至此順(?)
刻安　　　景修頓首　十六日

再啓者吾弟之恙似是濕熱積聚所致，病在肝臟，兄向不敢輕試，而國金石慓烈之品。近見有一種補丸，不是金石，其味苦，其論治專重肝臟，以瀉為補，滌蕩大小腸中積滯，能治黄疸、牙痛、頭痛、痔癬、呃逆、食不消化、胸脇背四肢作痛，藥性似係臨卧服三粒，多則四粒，半夜腹微痛，清晨便泄一兩次，宿垢與痰俱出，並不損人。兄已服兩夜矣。上海大藥房買，名曰補丸，每筒半元（筒內有甘艸末拌養死蛭居也），約二十餘粒。吾弟如大便秘，亦可試服。若脾弱便溏者勿服也。幸酌之。兄俊又叩

**【释文】**

粟庐老弟足下：来函已悉，《颍上本连黄庭经》〔一〕此间却有一本，尚易购求，陈本可作罢论。褚中令〔二〕临本寄缴，乞检收。细看笔意，是《神龙本》脱胎。兄又伤风，受累之至。此颂刻安！愚兄景修顿首，十六日。

再启者：吾弟之恙似是湿热郁蒸所致，病在肝胆。兄向不敢轻试外国金石燥烈之品。近见有一种补丸，不是金石，其味苦，其论治专重肝胆，以泻为补，涤荡大小肠中积滞，能治黄疸、牙痛、头痛、痔癣、食不消化、呕逆、胸胁背四肢作痛。药性似凉，临卧服三粒，多则四粒，半夜腹微痛，清晨便泄一两次，宿垢与痰俱出，并不损人。兄已服两夜矣。上海大药房买，名曰“补丸”，每筒半元，约二十余粒，筒内有甘草末拌养，非蛀屑也。吾弟如大便秘，亦可试服。若脾弱便溏者，勿服也。幸酌之！兄修又拜。

**【考注】**

〔一〕《颍上本连黄庭经》，《黄庭经》相传为王羲之所书，《颍上本连黄庭经》指《黄庭经》与《兰亭序》之合册。据《安徽省通志稿》载：“该石刻系明代万历年间颍上人掏挖南关古井时所得。出土时有铁皮箍其外，启之石质细滑，温润碧绿。”正面刻《黄庭经》，有“思古斋石刻”五个篆字。背面刻《兰亭序》。

〔二〕褚中令，即褚遂良，初唐著名政治家、书法家，曾任中书令。

# 沈景修致俞粟庐书二〇

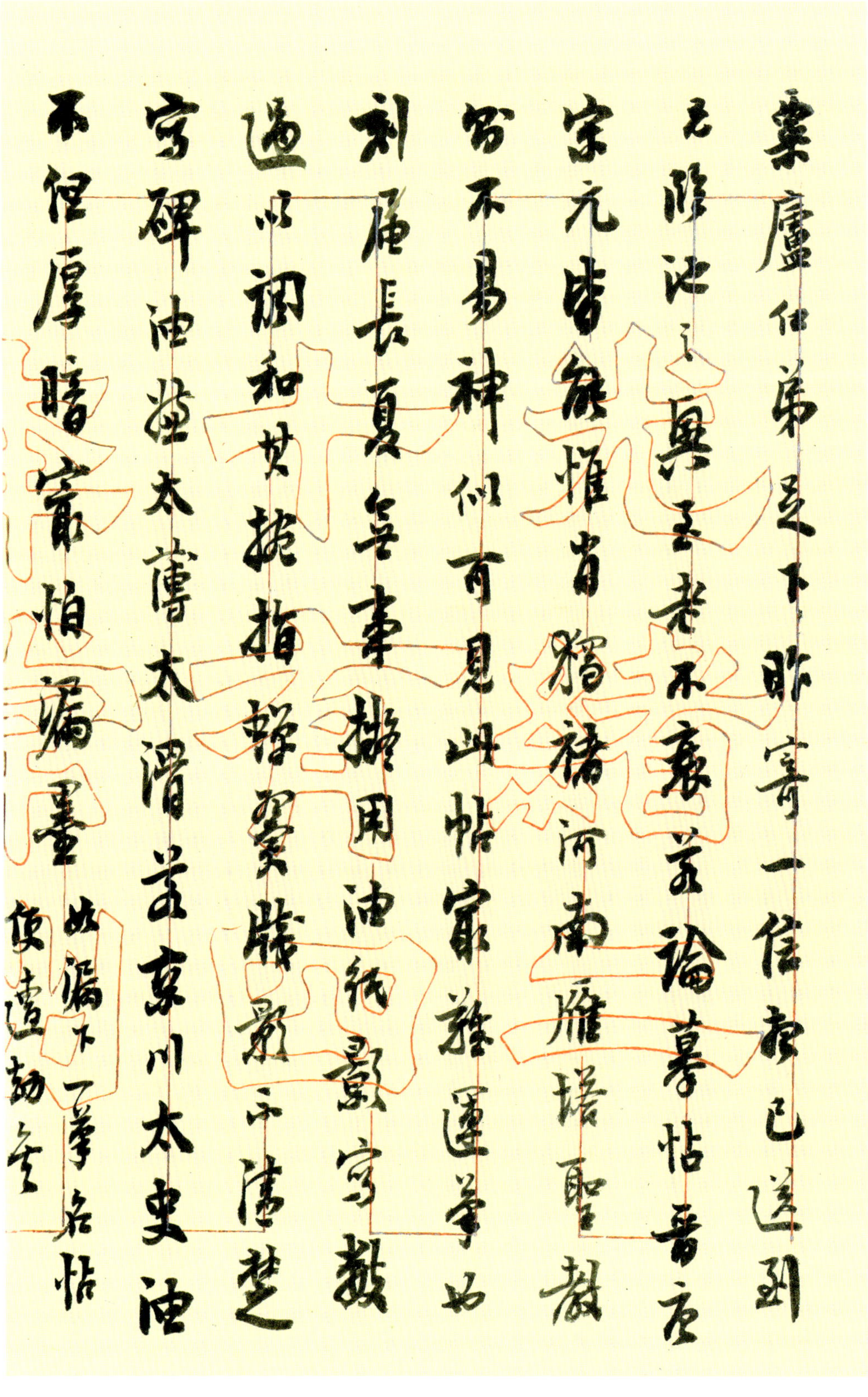
粟廬仁弟足下昨寄一信想已送到
示悉[illegible]ゝ真王老不衰并論摹帖晉唐
宋元諸家惟省獨褚河南雁塔聖教
寫不易神似可見此帖家數遲筆如
刻石長夏無事擬用油紙影寫數
過以調和其挑指輕重勝弱示清楚之
字碑油紙太薄太滑并京川太史油
不但厚暗亦怕漏墨故漏下了筆名帖
便還勒金

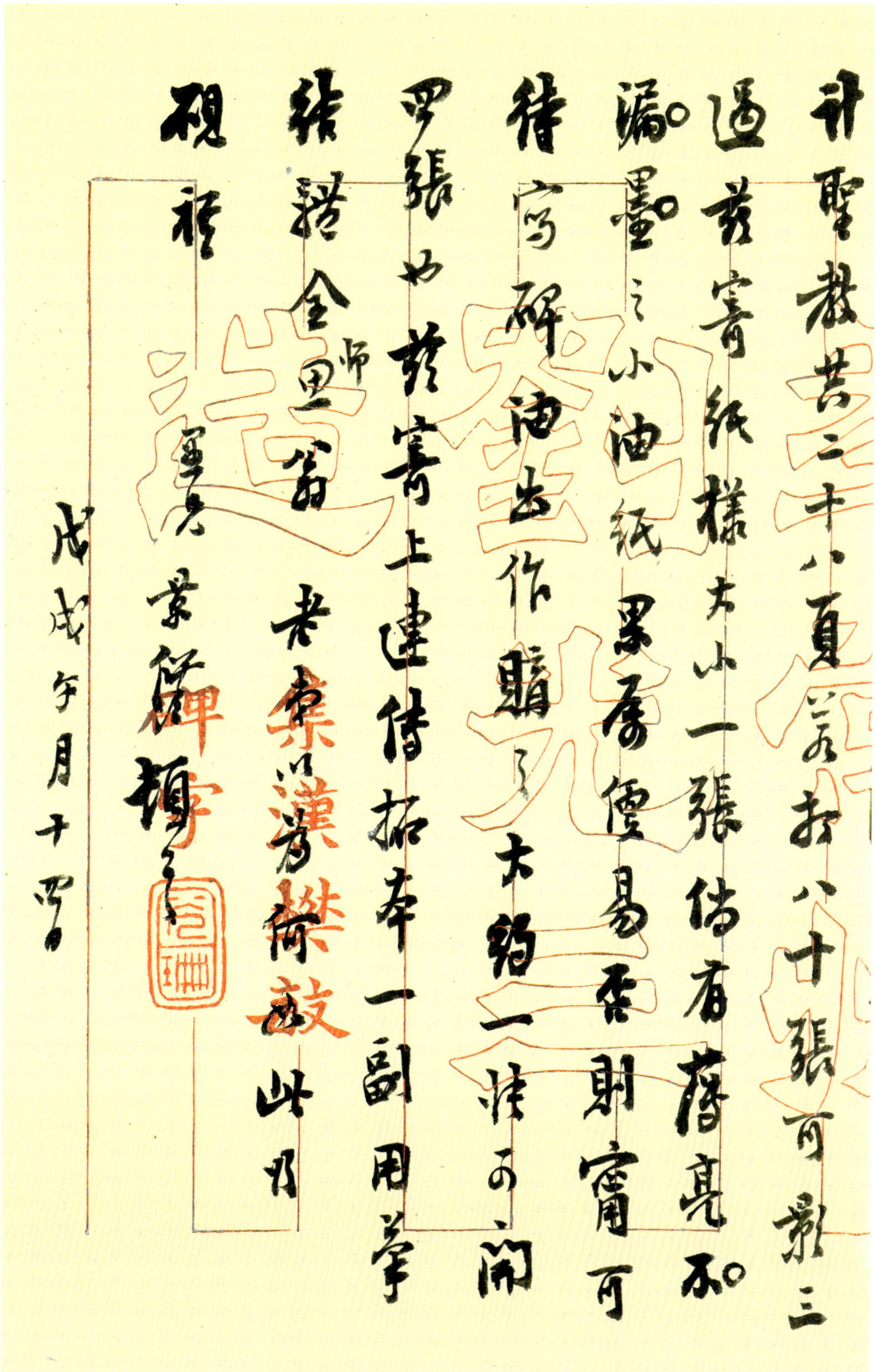
計聖教共二十八頁以頁折八十張可影三
通。茲寄紙樣大小一張，倘有落亮不
漏墨之小油紙罩摹，便易，否則寓可
請寫碑油出作贈了，大約一紙可開
四張也。茲寄上連傳拓本一副，用筆
請諸全師里翁老東以爲衛此耳。
硯禮
弟景修頓首〻〻
戊戌年月十四日

【释文】

粟庐仁弟足下：昨寄一信，想已送到。兄临池之兴，至老不衰。若论摹帖，晋、唐、宋、元，皆能惟肖，独褚河南〔一〕《雁塔圣教》〔二〕则不易神似，可见此帖最难运笔也。刻届长夏无事，拟用油纸影写数过，以调和其腕指。蝉翼笺影不清楚，写碑油嫌太薄太滑，若京川太史油，不但厚暗，最怕漏墨。如漏下一笔，名帖便遭劫矣！计《圣教》共二十八页，若打八十张，可影三过。兹寄纸样大小一张，倘有薄亮不漏墨之小油纸，果属便易，否则，宁可待写碑油出作购之。大约一张可开四张也。兹寄上连传拓本一副，用笔结体全师思翁〔三〕，老弟以为何如？此颂砚祺！愚兄景修顿首。戊戌午月十四日。

【考注】

〔一〕褚河南，即褚遂良（596—658）。唐高宗时，褚遂良封河南县公，世称“褚河南”。

〔二〕《雁塔圣教》，褚遂良书，因该书碑立于西安大雁塔之下，故名。

〔三〕思翁，即董其昌（1556—1636），字玄宰，号思翁，明代松江书画大家。

# 沈景修致俞粟庐书二一



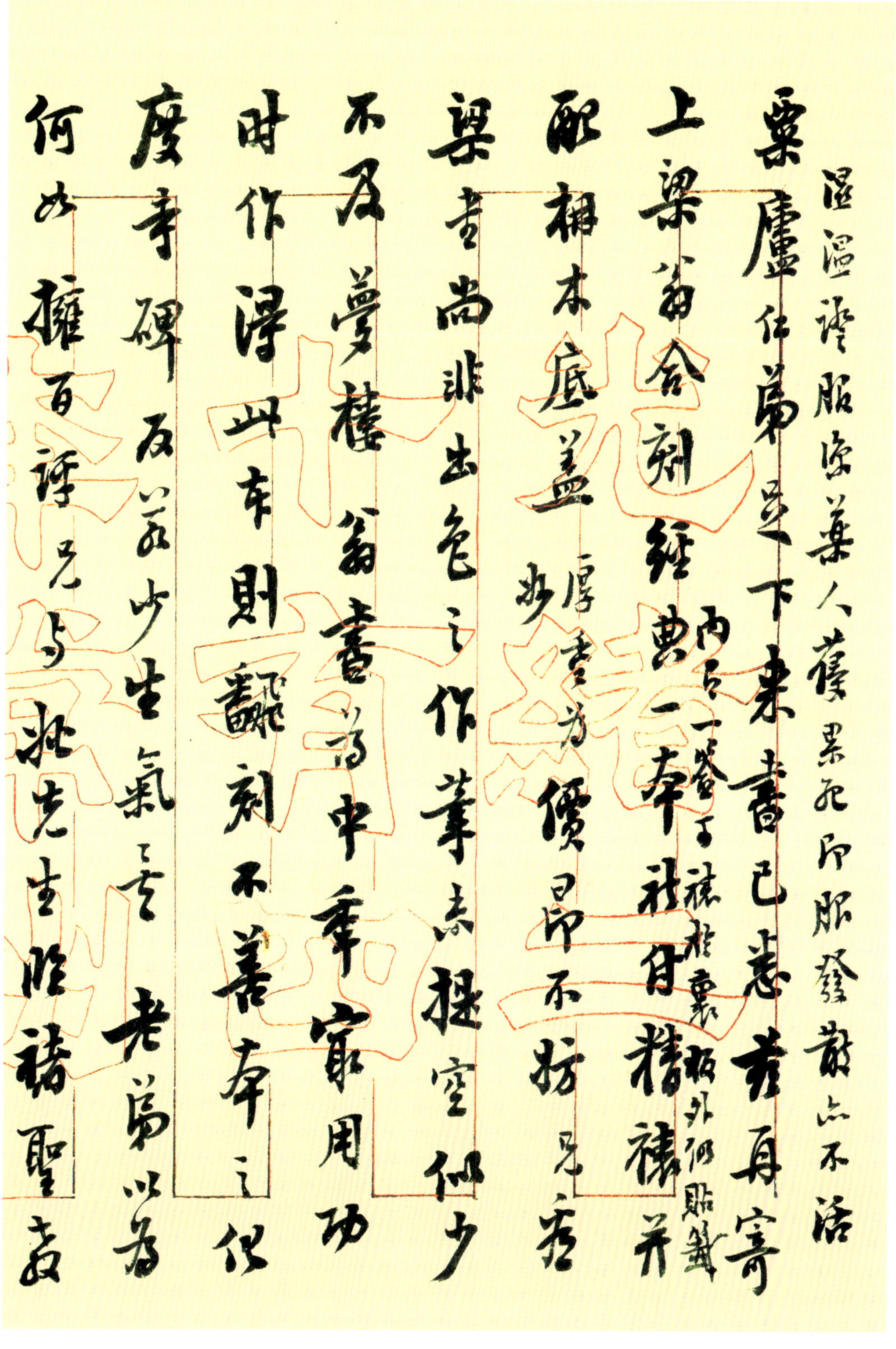

濕溫證服涼藥人蔘果死即服發散亦不活

粟廬仁弟足下：來書已悉，並承寄

上梁節翁合刻經典一本，拜領，精裱并（內只一簽于褾於裏，板外仍貼簽）

配襯本底蓋，厚重為妙，價昂不妨。兄意

娶者尚非出色之作，筆亦提空，似少

不及夢樓。翁書為中年實用功

時作，浮山本則翻刻不善本之但

度寺碑及以後少生氣云云。老弟以為

何如。擁百評見與兆先書，昨請聖袁

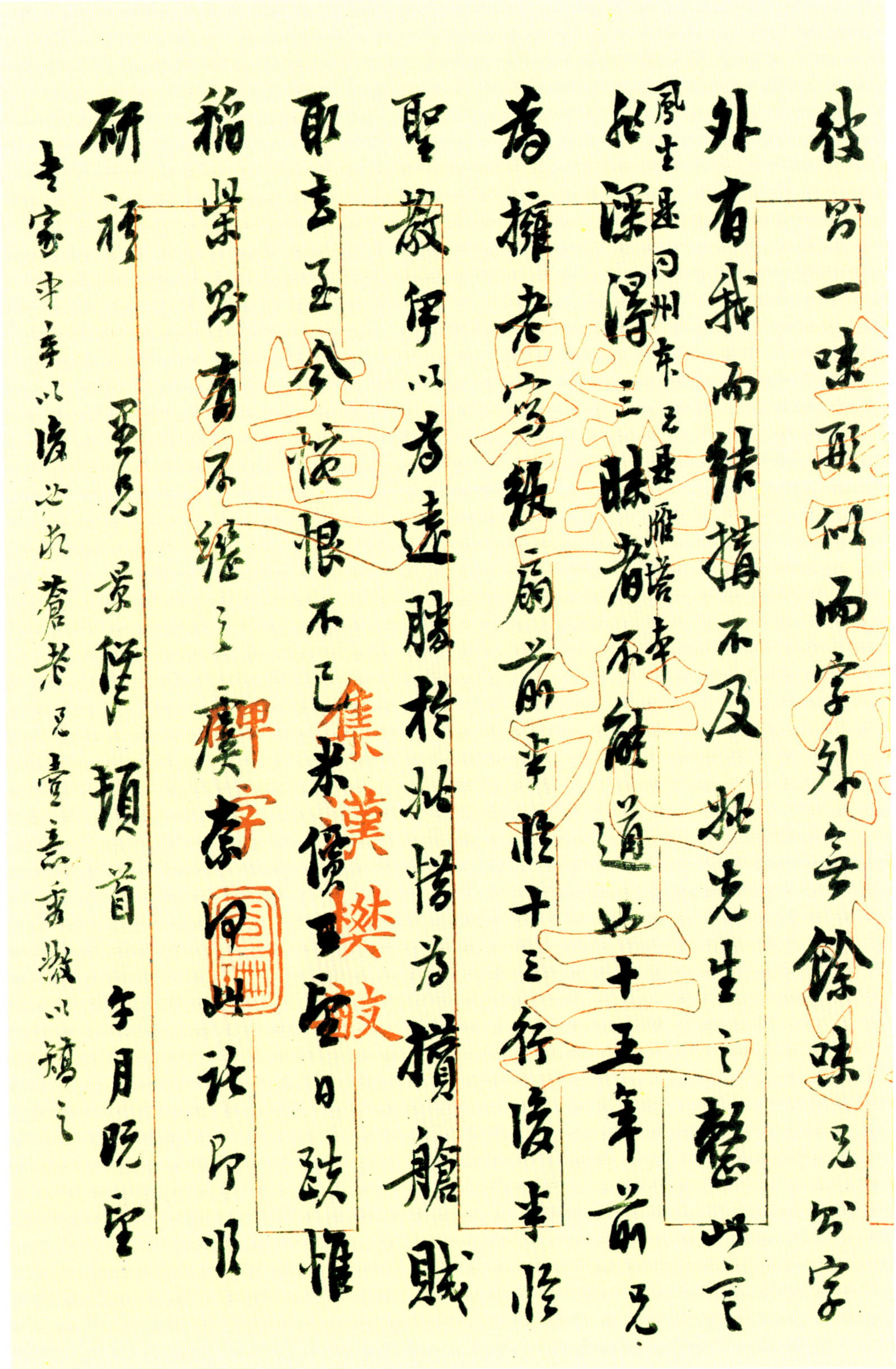

彼公一味取似，而字外無餘味。兄公字外有我，而能揣不及。此先生之藝，此言於（鳳圭延同州本，又延雁塔本）深得三昧者不能道也。十五年前兄爲擬老寫紈扇，前年復十三行，後年復聖教，伊以爲遠勝於此，擬爲擴膽賦取去，至今念念恨不已。米價日昂日趺，惟稻粱公有不繼之虞，奈何此託，即頌研祺。

弟兄 景隆 頓首 十月既望

去冬辛年以後，心承蒼老兄壹意書撥以填之

**【释文】**

粟庐仁弟足下：来书已悉，兹再寄上《梁翁[一]合刻经典》一本，内有一签，可裱于里，板外仍贴签。祈付精裱并配楠木底盖，厚重为妙，价昂不妨。兄看梁书尚非出色之作，笔未提空，似少不及梦楼。翁书[二]为中年最用功时作，得此本，则翻刻不善本之《化度寺碑》，反若少生气矣，老弟以为何如？拥百[三]评兄与姚先生[四]临褚《圣教》，彼则一味形似，而字外无余味，兄则字外有我，而结构不及姚先生之整。凤生是《同州本》[五]，兄是《雁塔本》。此言非深得三昧者不能道也！十五年前，兄为拥老写纨扇，前半临《十三行》，后半临《圣教》，伊以为远胜于姚。惜为攒舱贼[六]取去，至今惋恨不已。米价已望日跌，唯稻柴则有不继之虞，奈何？此托，即颂砚祺！愚兄景修顿首。午月既望。

书家中年以后必求苍老，兄一意秀嫩以矫之。

温湿症服凉药、人参，果死，即服发散亦不活。

**【考注】**

〔一〕梁翁，指梁同书与翁方纲。梁同书（1723—1815），字元颖，号山舟，乾隆十七年进士，书法家。翁方纲（1733—1818），字正三，号覃溪，清代书法家、文学家、金石学家，书法与同时的刘墉、梁同书、王文治齐名。

〔二〕此句言沈景修对翁方纲字贬多褒少。参见沈景修致俞粟庐书一二注〔二〕。

〔三〕拥百，即施拥百，也作施邕白。吴县贡生，沈景修挚友。

〔四〕姚先生，即姚凤生，吴县贡生。

〔五〕《同州本》，褚遂良所书，刻于同州的《圣教序碑》。

〔六〕攒舱贼，旧时指专于船上行窃的小偷。

# 沈景修致俞粟庐书二二

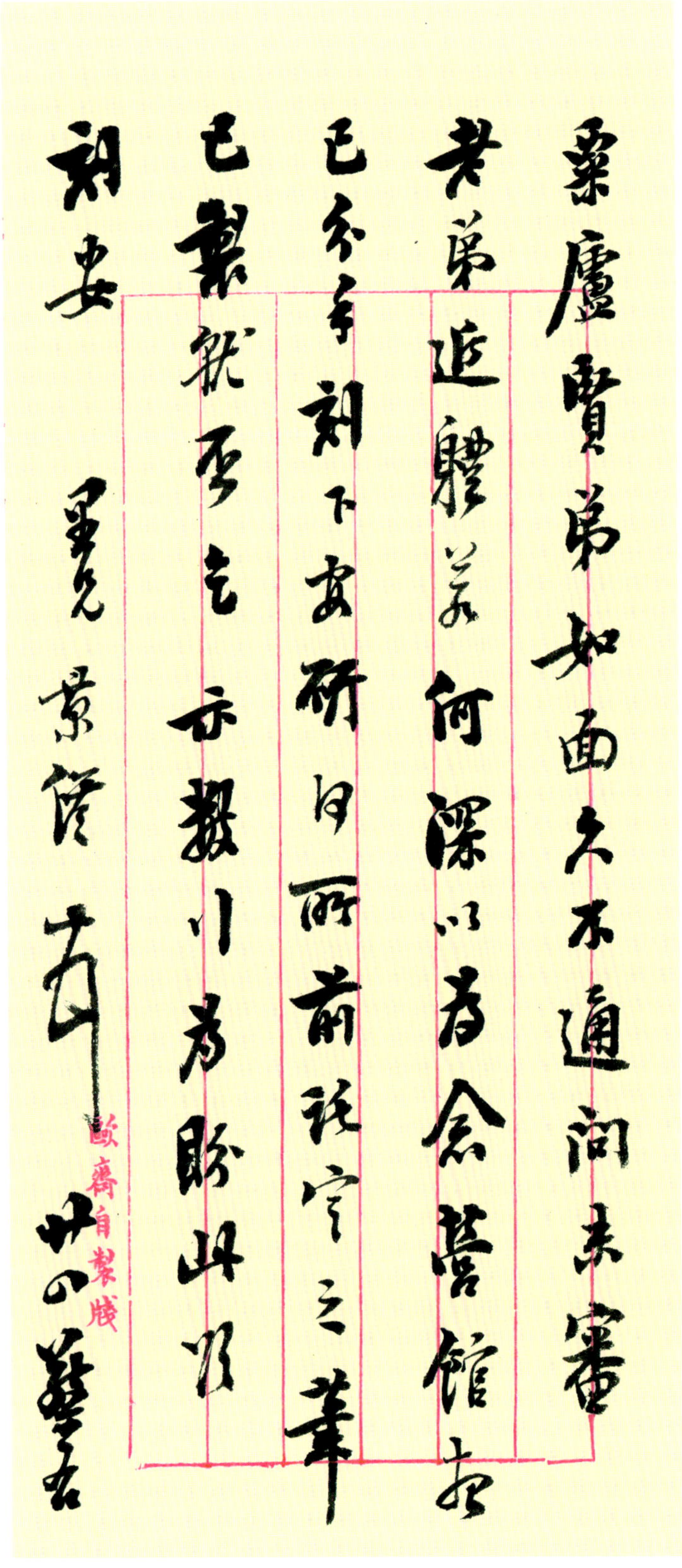
粟廬賢弟如面久不通問未審
老弟近體若何深以為念營館如
已定否乞刻下安研日所前託之箋
已製就否乞示敬以為盼此頌
刻安
愚兄景修頓首
廿四燈下
歐齋自製牋

**【释文】**

粟庐贤弟如面：久不通问，未审老弟近体若何？深以为念。营馆想已分手〔一〕，刻下安砚何所？前托定之笔已制就否？乞示数行为盼！此颂刻安！愚兄景修顿首。廿四檠〔二〕右。

**【考注】**

〔一〕分手，俞粟庐于光绪二十年（1894）辞去苏州黄天荡的营务，后去苏州望族张履谦家任西席。

〔二〕檠，灯台。

# 沈景修致俞粟庐书二三

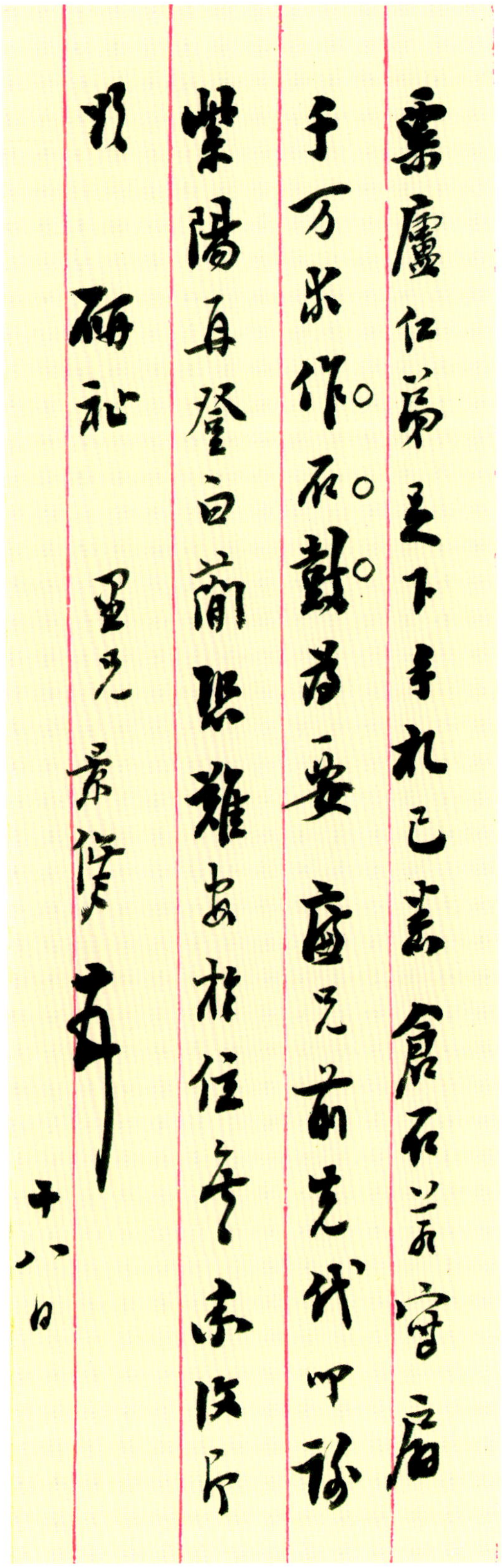
粟廬仁弟足下：手札已悉。倉石所寄扇手万米作。石。鼓。為要。廬兄前先代叩謝紫陽，再登白簡，跟雖安於往年，未改尺

頌
研祉
星兄 景修 頓
十八日

**【释文】**

粟庐仁弟足下：手札已悉，仓石〔一〕若写扇，千万求作石鼓为要！廉兄〔二〕前，先代叩谢，紫阳〔三〕再登白简〔四〕，恐难安于位矣！承复，即颂砚祉！愚兄景修顿首。十八日。

**【考注】**

〔一〕仓石，即吴昌硕（1844—1927），仓石为其别号。清末民初著名书画家、篆刻家，海派艺术创始人之一。书法以石鼓文为代表。

〔二〕廉兄，即陆廉夫（1851—1920），清末民初著名书画家，俞粟庐好友。

〔三〕紫阳，见沈景修致俞粟庐书二注〔四〕。

〔四〕白简，古代弹劾官员的奏章。

# 沈景修致俞粟庐书二四

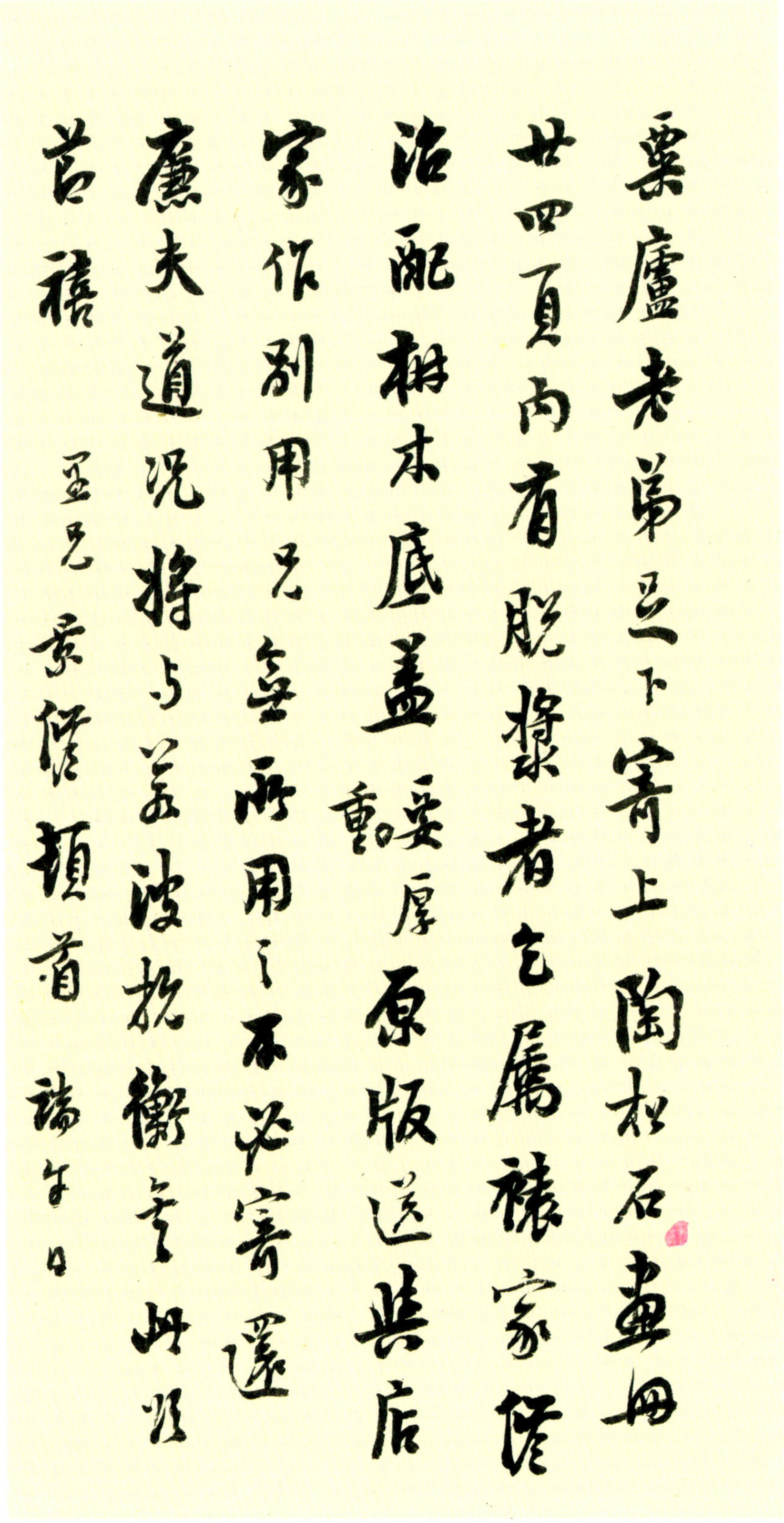
粟廬老弟足下：寄上陶松石畫册廿四頁，内有脱漿者，已屬裱家從治，配樹木底蓋（要厚重），原版送其店家作别用。足下無所用，了不必寄還。廣夫道況，將與英波抵衛，手此即頌芑禧。星兄 景修頓首 端午日

**【释文】**

粟庐老弟足下：寄上陶松石〔一〕画册廿四页，内有脱浆者，乞嘱裱家修治，配楠木底盖。要厚重。原版送与店家作别用，兄无所用之，不必寄还。廉夫道况将与若波〔二〕抗衡矣。此颂节禧！愚兄景修顿首。端午日。

**【考注】**

〔一〕陶松石，名琳（1799—1889），号松石，秀水（今嘉兴）人，清代画家。山水画笔墨疏爽简淡，书学黄庭坚。

〔二〕若波，即顾沄（1835—1896），字若波，号云壶。清末画家，苏州人，流寓上海，工山水画，得四王之长。

# 沈景修致俞粟庐书二五

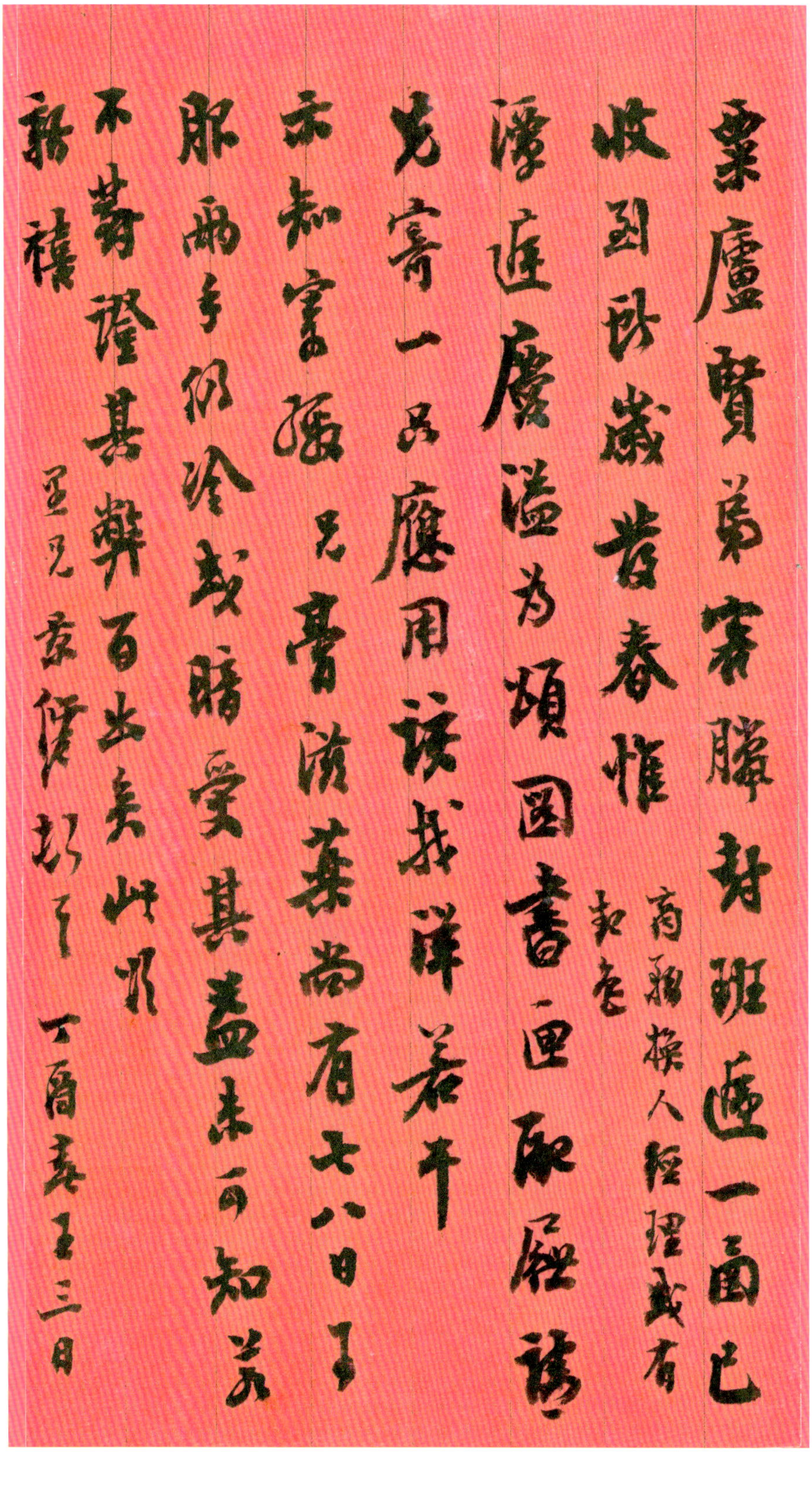
粟廬賢弟寄滕封班匯一函已
商務換人經理咸有
收到卧歲昔春惟
知悉
潭莚慶溢為頌圖書匯取經講
先寄一上應用該我詳若干
示知寄孫兄晉謝藥尚有七八日事
那兩手胡淪或睹學其益未可知矣
不篤證其弊百出矣此頌
新禧
至兄景修頓首　丁酉春王三月

## 【释文】

粟庐贤弟：客腊[一]封班递一函已收到。献岁[二]发春，惟潭庭[三]庆溢为颂，商务换人，经理或有起色。图书匣配屉，请先寄一只应用，该找洋若干，示知寄缴。兄膏滋药尚有七八日可服，两手仍冷，或暗受其益未可知，若不对症，其弊百出矣。此颂新禧！愚兄景修顿首。丁酉[四]春王三日。

## 【考注】

〔一〕客腊，客指客邮，腊指腊月年底。

〔二〕献岁，一年的开始。宋玉《招魂》："献岁发春兮，汩吾南征。"

〔三〕潭庭，深宅大院，旧时多用此尊称他人的住宅。

〔四〕丁酉，光绪二十三年（1897）。

# 沈景修致俞粟庐书二六

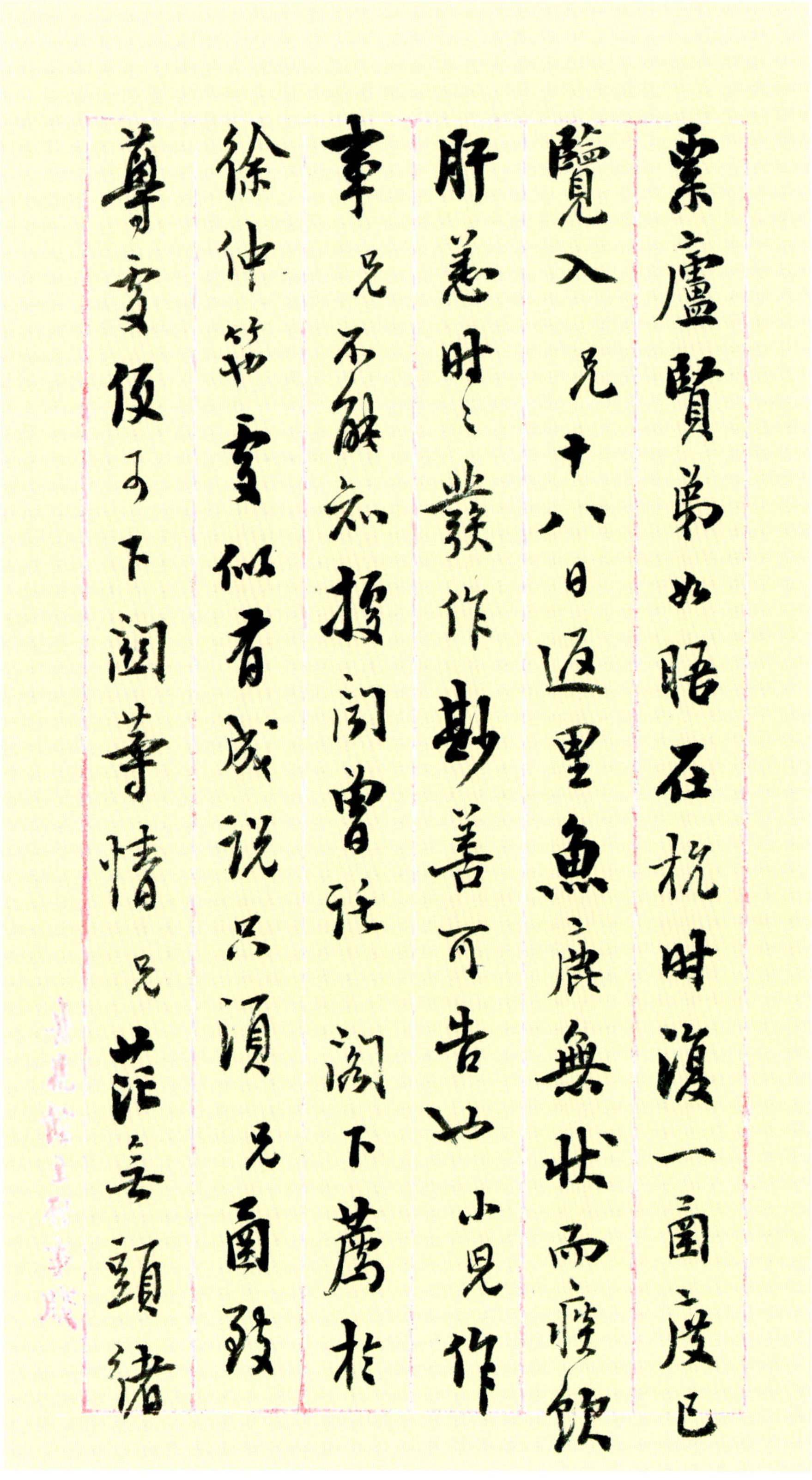

粟廬賢弟如晤在杭時復一函度已
覽入 兄十八日返里魚鹿無狀而疲餒
肝恙時時發作尠善可告也 小兒作
事 兄不解亦擬閱曾往 閣下薦於
徐仲節處似有成說只須 兄函致
尊處便可下閱等情 兄茫無頭緒

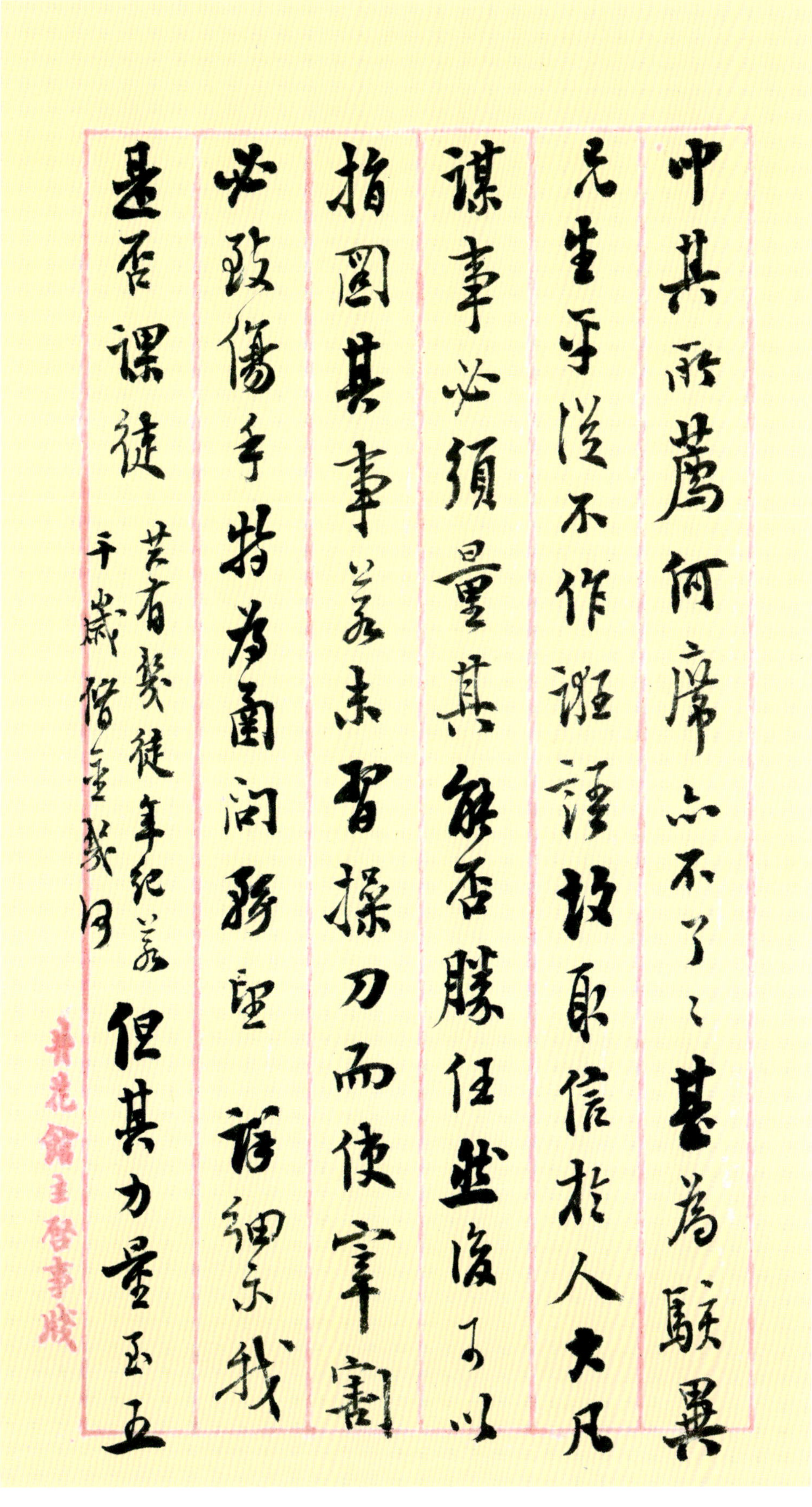

中其所薦何席亦不了了甚為駭異
兄生平從不作誑語故取信於人大凡
謀事必須量其能否勝任然後可以
指圖其事若未習操刀而使宰割
必致傷手特為面問務望詳細示我
是否課徒（共有幾徒年紀若干歲修金幾何）但其力量至五

井花館主啓事牋

經而止動筆為文力所不逮至於以事全
不懂得書畫未經習練所差可自信者
惟真行大小各書都均點得穩每其
所擅長如是而已與其含糊搖揚以貽
事後之議無寧前道破腳踏實地為
妙如此段即頌研祺　兄景偉手
吳仲英公館是否仍在俞天樸苕秋探示
十月廿五日燈下

**【释文】**

粟庐贤弟如晤：在杭时复一函，度已览入。兄十八日返里，鱼鹿无状〔一〕，而痰饮肝恙时时发作，鲜善可告也。小儿作事，兄不能知。据闻曾托阁下荐于徐仲笵〔二〕处，似有成说，只须兄函致尊处，便可下关〔三〕等情，兄茫无头绪，叩其所荐何席，亦不了了，甚为骇异。兄生平从不作诳语，故取信于人。大凡谋事，必须量其能否胜任，然后可以指图其事。若未习操刀而使宰割，必致伤手。特为函问，务望详细示我。是否课徒？共有几徒？年纪若干岁？脩金几何？但其力量至五经而止，动笔为文，力所不逮，至于公事，全不懂得，书启未经习练，所差可自信者，唯真、行大小各书，却均站得稳矣。其所擅长，如是而已。与其含糊揄扬，以贻事后之羞，无宁当前道破，脚踏实地为妙也。此致，即颂砚祺！兄景修顿首。十月廿五日灯下。

吴仲英〔四〕公馆是否仍在俞天灯巷？祈探示。

**【考注】**

〔一〕鱼鹿无状，鱼在水中游不停，鹿在山上跑不停，比喻忙碌。

〔二〕徐仲笵，疑许仲笵之误。曾任苏州府布政使。擅书画，有画传世。

〔三〕下关，即下聘书。

〔四〕吴仲英，即吴恒（1826—1896），曾任府同知等职，善书画诗词。任伯年曾为吴绘制两幅写真像。

# 沈景修致俞粟庐书二七

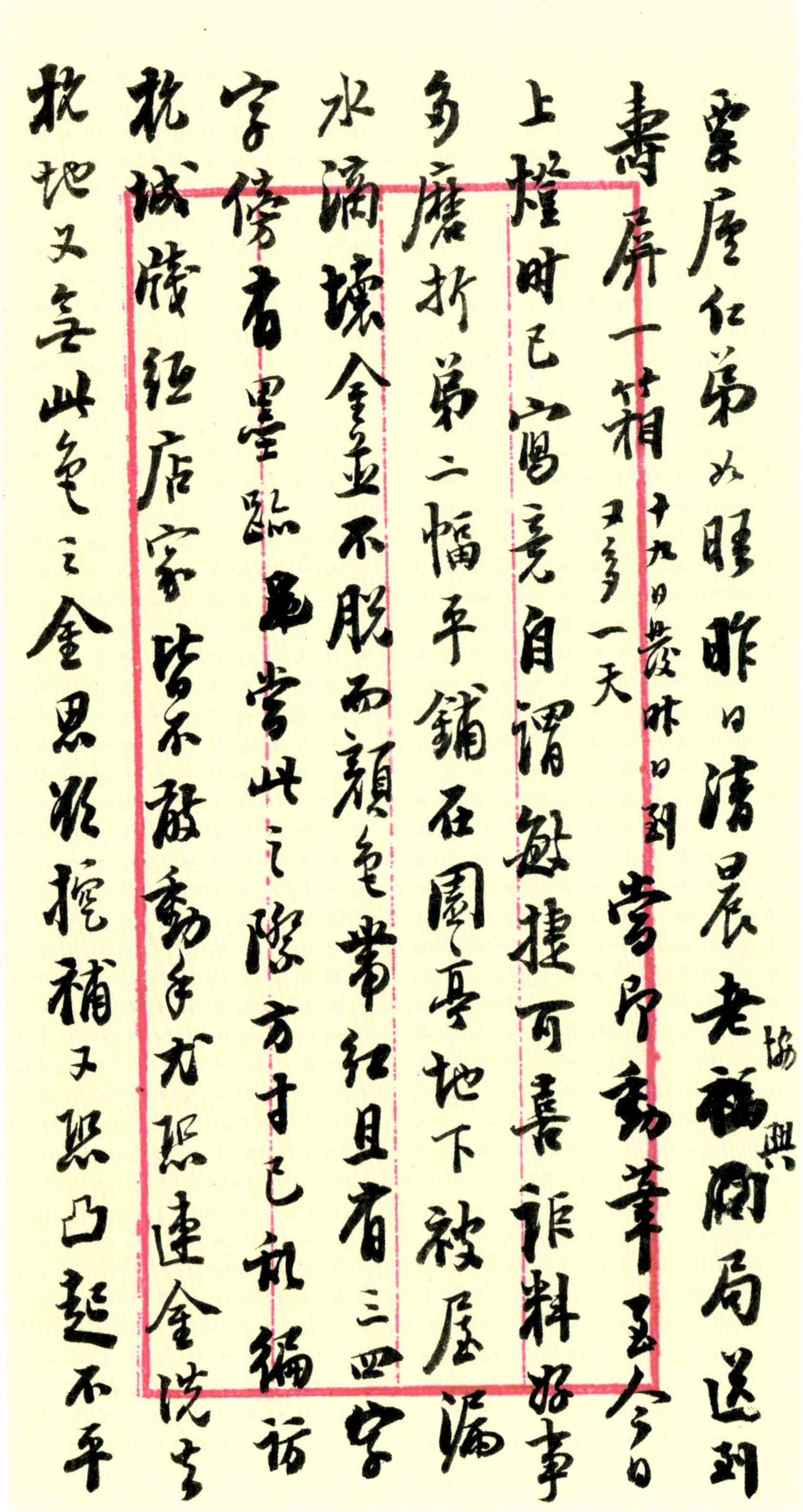

粟庐仁弟如晤：昨日清晨老福丽（协兴）局送到
寿屏一箱（十九日发，昨日到，又多一天），当即动笔，至今日
上灯时已写竟，自谓敏捷可喜。讵料好事
多磨，折第二幅平铺在园亭地下，被屋漏
水滴坏，金并不脱而颜色常红，且有（三四）字
字傍有墨点。虽当此之际方寸已乱，徧访
杭城裱经店家，皆不敢动手，尤恐连金洗去，
杭地又无此色之金，思欲挖补，又恐凸起不平

且四壽畫竟甚良，第只得姑且趕寄。徐
永隆收下，請老和尚速乘興去與原牋
店家熟商，可否借補。補之法，若如能洗去
墨跡，其紅色用清水揩勻，風乾，用原紙（全脫者補之，應繪工值，請代應即繕）
砑得光而平正，須將鐵絲小卷或者索（亦在當者兩日工夫）
性說穿。現在壽辰已近，姑且張掛，事畢之
後向原店照樣裱一張，照樣畢集共兩幅
同寄下，乘寫其原紙價歸兄承認，竟從

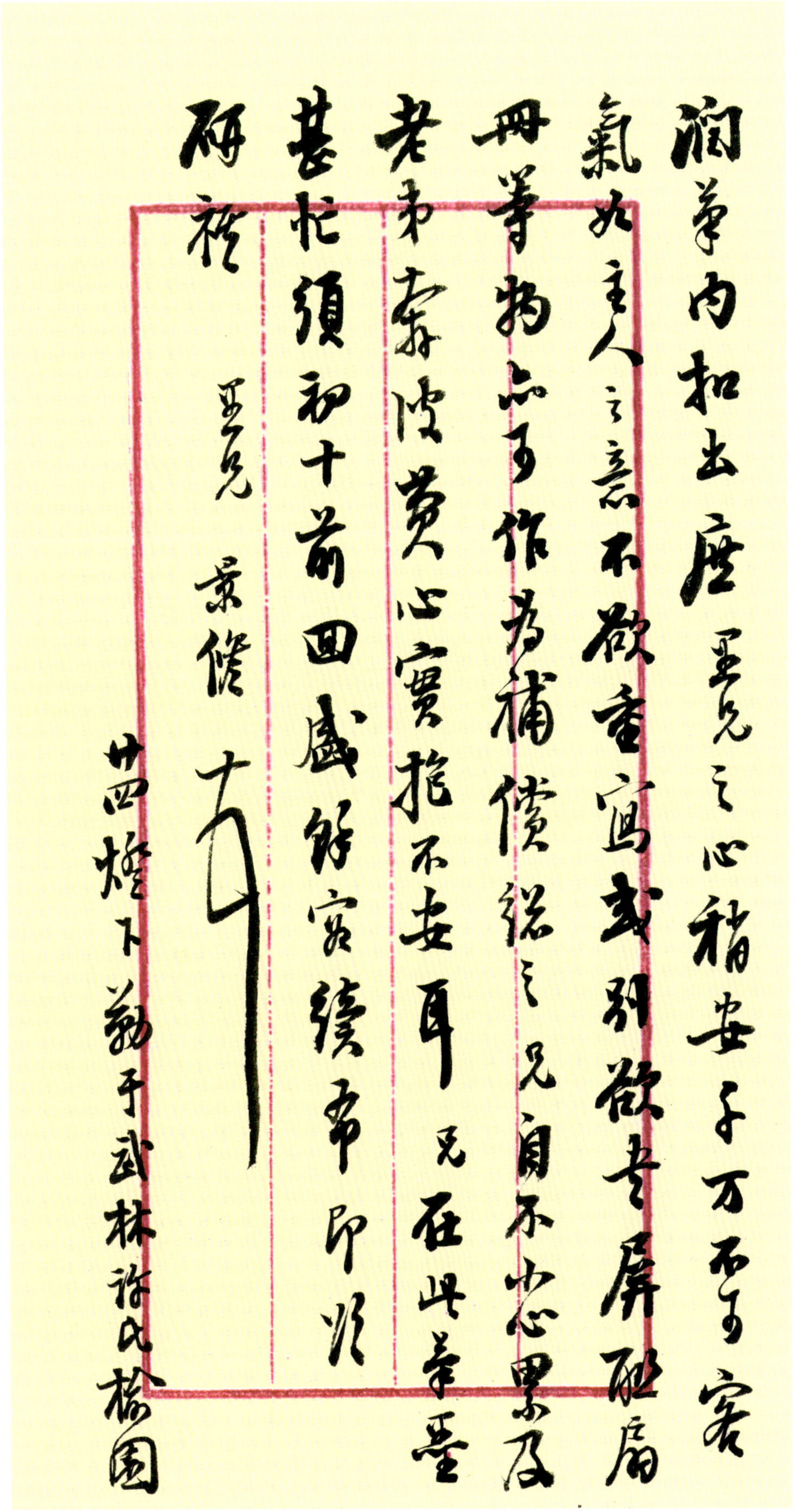
潤筆内扣出，庶星兄之心稍安。千万不可客
氣。如主人之意不欲重寫，或別欲書屏聯扇
冊等物，亦可作為補償。總之星兄自不必累及
老弟索書，費心實抱不安耳。兄在此半年
甚忙，須初十前回盛，解客續事。即頌
研祺
星兄　景僖頓首
廿四燈下勒于武林許氏榆園

**【释文】**

粟庐仁弟如晤：昨日清晨，老协兴局送到寿屏一箱，十九日发，昨日到，又多一天。当即动笔，至今日上灯时已写竟，自谓敏捷可喜。讵料好事多磨折，第二幅平铺在园亭地下，被屋漏水滴坏。金并不脱，而颜色带红，且有三四字字傍有墨迹，当此之际，方寸已乱。遍访杭城笺纸店家，皆不敢动手，尤恐连金洗去，杭地又无此色之金，思欲挖补，又恐凸起不平，再四筹画，竟无良策，只得姑且赶寄德永隆收下。请老弟飞速乘舆去与原笺店家，熟商可有修补之法否？如能洗去墨迹，金脱者补之，应给工值，请代应即缴。其红色用清水烘匀，风干后用石子砑得光而平正，便可将就缴卷。好在尚有两日工夫。或者索性说穿，现在寿辰已近，姑且张挂，事毕之后，向原店照样裱一张，照样界朱丝，两幅同寄下重写，其屏纸价归兄承认，竟从润笔内扣出。庶愚兄之心稍安，千万不可客气。如主人之意不欲重写，或别欲书屏联扇册等物，亦可作为补偿。总之，兄自不小心，累及老弟奔波费心，实抱不安耳！兄在此笔墨甚忙，须初十前回盛。馀容续布，即颂砚祺！愚兄景修顿首。廿四灯下，勒于武林许氏榆园〔一〕。

**【考注】**

〔一〕榆园，一名娱园，位于杭州。园主许增（1823—1903），字迈孙，号益斋。此园于光绪二年落成。许增为刻书家、印书家，著有《榆园丛刻》，书名、题签大多为沈景修所写。

# 沈景修致俞粟庐书二八

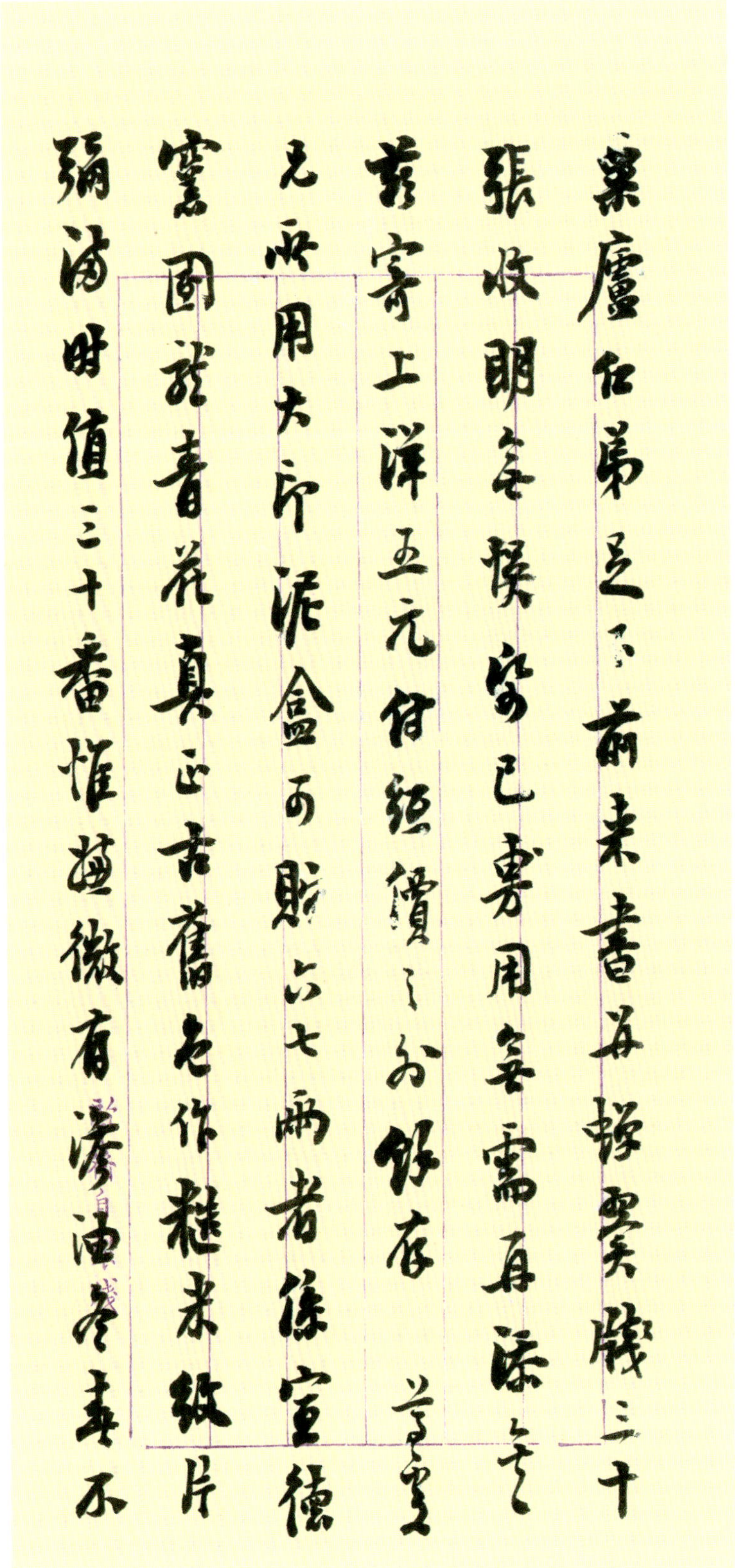

粟廬仁弟足下：前來書并擲還錢三十張，收明。令侄安已專用，無需再添。令〻茲寄上洋五元，付絹價之分，餘存尊處。元所用大印泥盒可貯六七兩者，係宣德窯，圓式青花，真正古舊老作，糙米紋片彌滿，時值三十番，惟極微有滲油冬毒不

覺一至炎天盒外黏膩殊有討厭處祈覓一乾嘉窰盒（但取實用非比收藏家考論古舊也）或純白隱花或青花五彩總要雅致耐看（可容六七兩印泥）邊要高而緊密須出洋三元之至弟出門時向來古（玩）肆中物色之未誠徧訪不得蘇地店較多或易揀擇以如有緣覓得可否以數擇者質盒

内盒外用厚敢紙重〻包裹寄下一號

尤妙小木好手已回籍會〻又有不急〻

務李花兄二十年來凡於圓手不用厚襯用桐

木板一片墊〻硬於則字口清澈悦目惟向

（此木性柔軟）

來所用一片猶其枯乾其柔潤〻性殊欲另辦

一塊祈老弟小木店辦就寄下為要即求

（附樣一分）

節禧

至兄 袁頓首

初十日

歐齋自製牋

**【释文】**

粟庐仁弟足下：前来书并蝉翼笺[一]三十张收明无误，纸已敷用，无需再添矣。兹寄上洋五元，付纸价之外，馀存尊处。兄所用大印泥合可贮六七两者，系宣德窑团龙青花，真正古旧，色作糙米，纹片弥满，时值三十番。惟嫌微有渗油，冬春不觉，一至炎天，盒外黏腻，殊为讨厌。意欲觅一乾嘉窑，但取受用，非比收藏家专讲古旧也。或纯白隐花，或青花五彩，总要雅致耐看，可容六七两印泥。边要高而紧密。愿出洋三元，乞吾弟出门时，向各处古玩肆中物色之，禾城[二]遍访不得，苏地店较多，或易拣择也。如有缘觅得，可否以数洋为质？盒内盒外，用厚败絮重重包裹，寄下一观尤妙。小木[三]好手已回苏否？念念。又有不急之务奉托，兄二十年来，凡打图章，不用厚衬，用楠木一片垫之硬打，此木性柔软。则字口清澈悦目，惟向来所用一片，嫌其枯干，失柔润之性，故欲另办一块，附样一纸。祈老弟小木店办就寄下为要。即颂节禧！愚兄景修顿首。初十日。

**【考注】**

〔一〕蝉翼笺，薄如蝉翼的宣纸信笺。

〔二〕禾城，即嘉兴。嘉兴建城于三国时期，当年此地禾苗长势喜人，人称此城为禾兴，后又称嘉禾。不久因避吴国太子讳，改名嘉兴。

〔三〕小木，专做精致小件的木匠。

# 沈景修致俞粟庐书二九

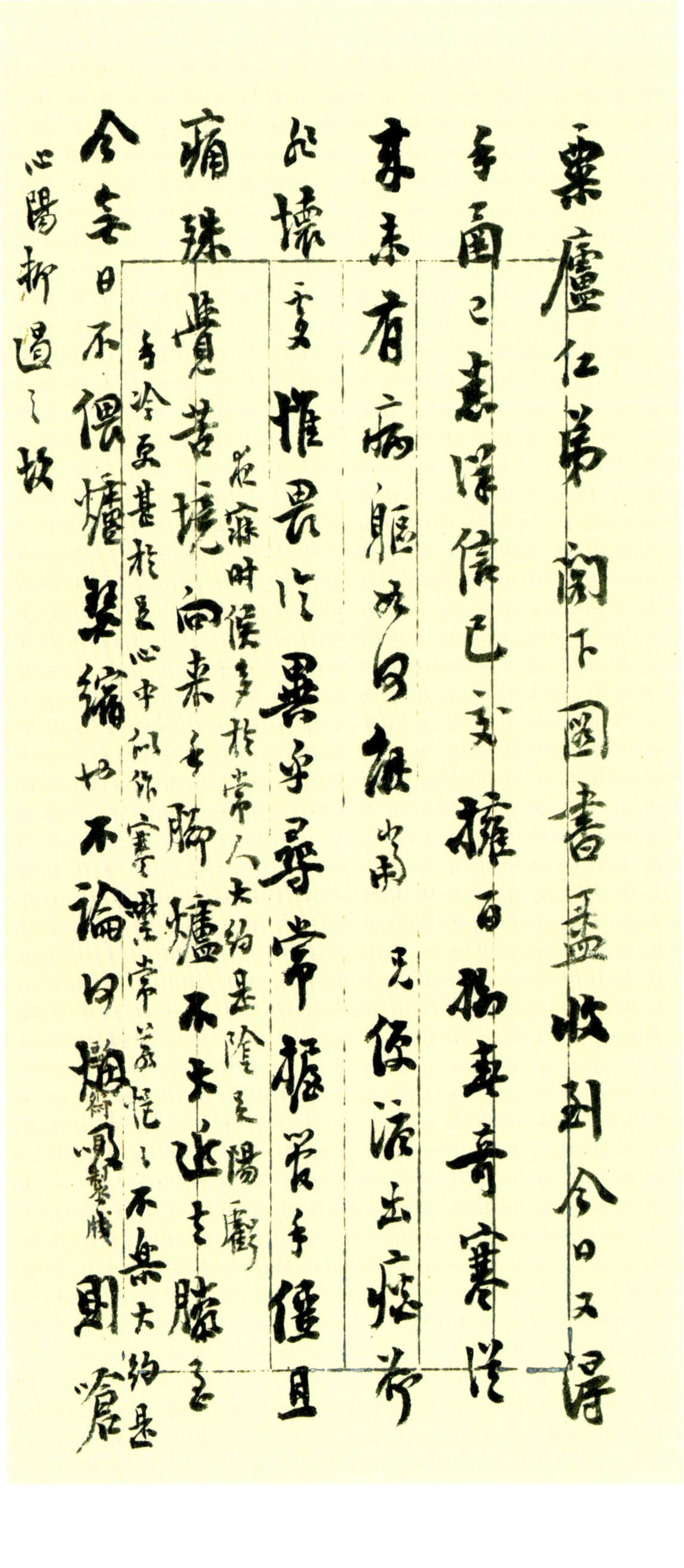
粟廬仁弟閣下：圖書盡收到，今日又得
手函，已悉。詳信已交擁百，猶幸寄寒從
來未有病軀，次日發哮喘，又使諸出症矣。
所懷憂惟畏冷，異乎尋常，擁爐手僵且
痛，殊覺苦境。向來手腳爐不大近之，勝之
今年日不偎爐，冀縮也。不論日爐，則冷
花麻時候多於常人，大約是陰足陽虧。
手冷更甚於足，心中似作寒，豈常常發之不斷，大約是
心陽抑遏之故。

黎明必乾嗆六七陣至痰聲活而止有人
勸服腎氣丸而氣喘晉重聯聽者都必合
宜也聽　星翁乞一詢之錢路作羅論大妙大妙
爭路而甚爛大快人心大約謠言中止矣
未瘥
爐安
　　星兄　景修頓首
歐藉月眾棧四日

【释文】

粟庐仁弟阁下：图书盝[一]收到。今日又得手函，已悉详，信已交拥百。拗春奇寒，从来未有，病躯如何能当？兄便溏出痰却非坏处，惟畏冷异乎寻常。握管手僵且痛，殊觉苦境，夜寐时候多于常人，大约是阴足阳亏。手冷更甚于足，心中似作寒噤，常若悒悒不乐，大约是心阳抑遏之故。向来手脚炉不大近，去腊至今，无日不偎炉瑟缩也。不论何烟，吸之则呛，黎明必干呛六七阵，至痰声活而止。有人劝服肾气丸，想气喘腰重脚软者，想必合宜也，晤星翁乞一问之。铁路作罢论，大妙大妙！邮政局焚毁，大快人心，大约从此中止矣。承复炉安！愚兄景修顿首。新正[二]十四日。

【考注】

〔一〕图书盝，即图书盒。

〔二〕新正，农历新年正月。

# 沈景修致俞粟庐书三〇

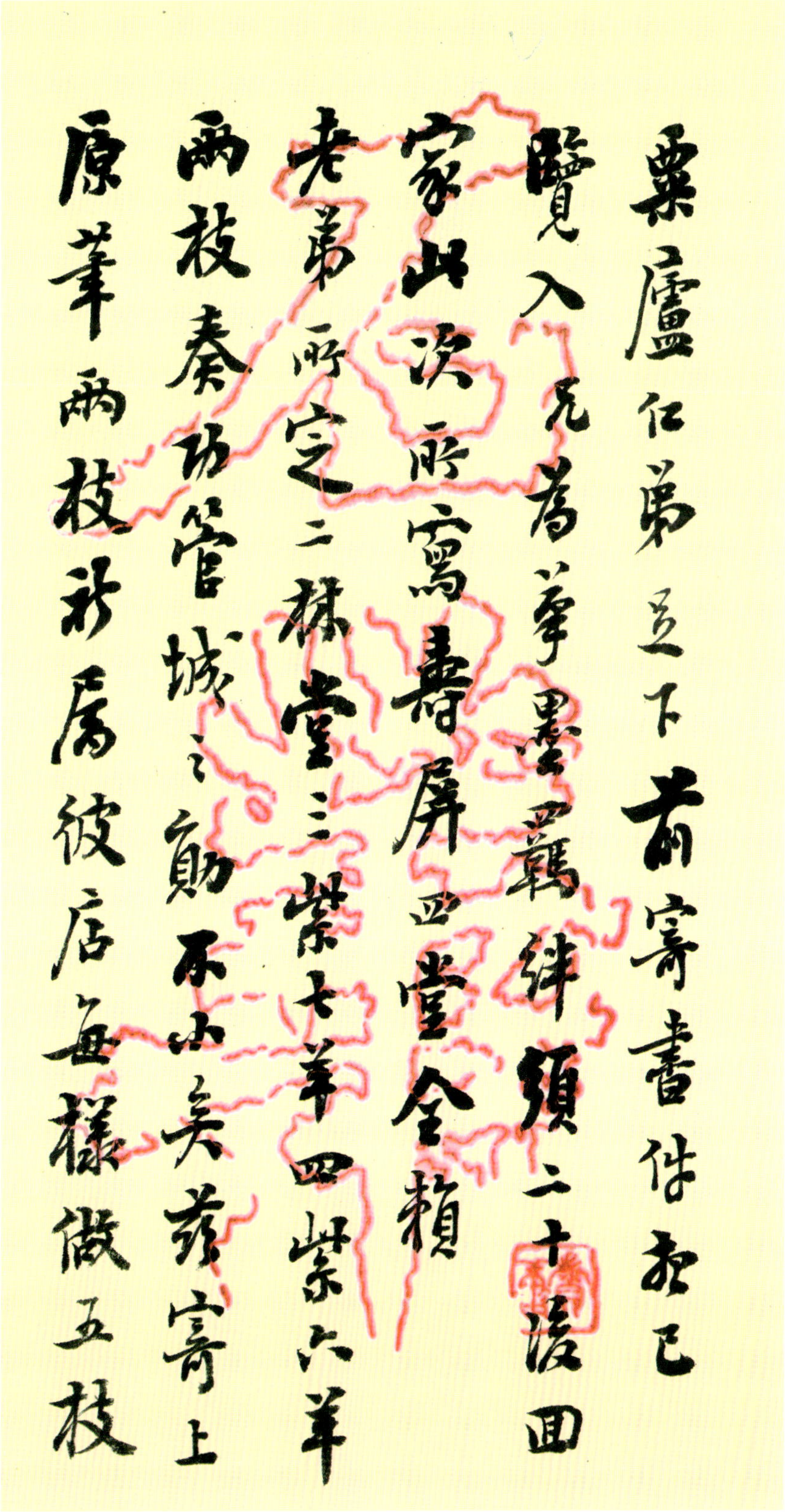

粟廬仁弟足下　前寄書件諒已覽入　兄爲筆墨羈絆須二十後回家　此次所寫壽屏四堂全賴老弟所定之二林堂三紫七羊四紫六羊兩枝奏功管城之助不小矣　茲寄上原筆兩枝祈屬彼店每樣做五枝

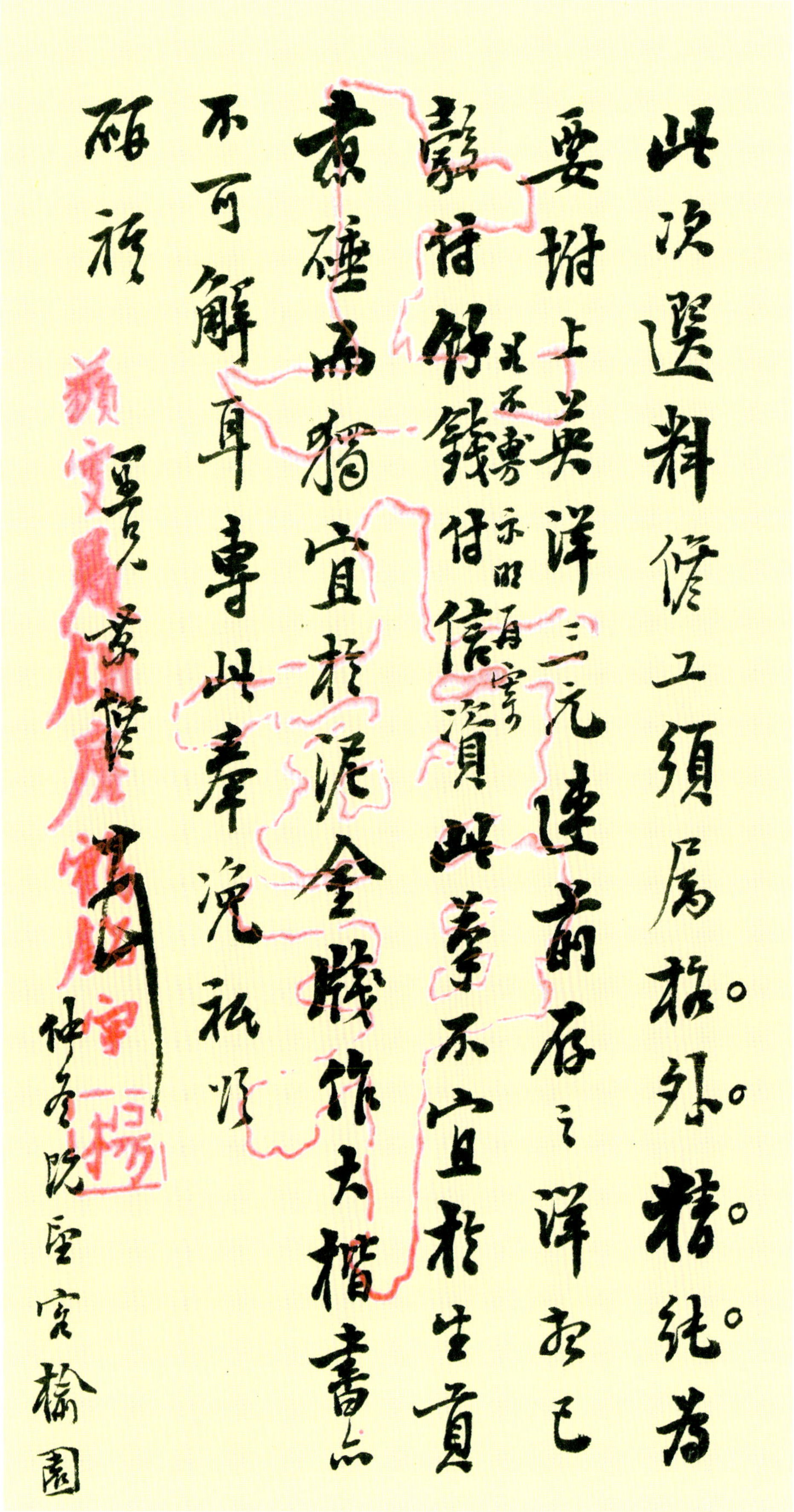

此次選料僅工須屬格外精純若
要掛上英洋三元連前存之洋款已
敷付紙錢付信資此等不宜於生貨又不要示明百字
煮硾而獨宜於泥金牋作大楷書亦
不可解耳專此奉瀆祗頌
研祺
愚弟謹啓
仲冬既望寓榆園

【释文】

粟庐仁弟足下：前寄书件，想已览入。兄为笔墨羁绊，须二十后回家。此次所写寿屏四堂，全赖老弟所定二林堂三紫七羊、四紫六羊两枝奏功，管城〔一〕之勋不小矣。兹寄上原笔两枝，祈属〔二〕彼店每样做五枝，此次选料修工，须属〔三〕格外精纯为要！附上英洋三元，连前存之洋想已够付，如不敷，示明再寄。馀钱付信资。此笔不宜于生贡煮硾〔四〕，而独宜于泥金笺作大楷书，亦不可解耳。专此奉勉，祇颂砚祺！愚兄景修顿首。仲冬既望客榆园。

【考注】

〔一〕管城，毛笔的别称，也称管城子。

〔二〕〔三〕属，通“嘱”。

〔四〕生贡，指宣纸中的生纸；煮硾，宣纸制作工艺之一，此处指七分熟的熟纸。

# 沈景修致俞粟庐书三一

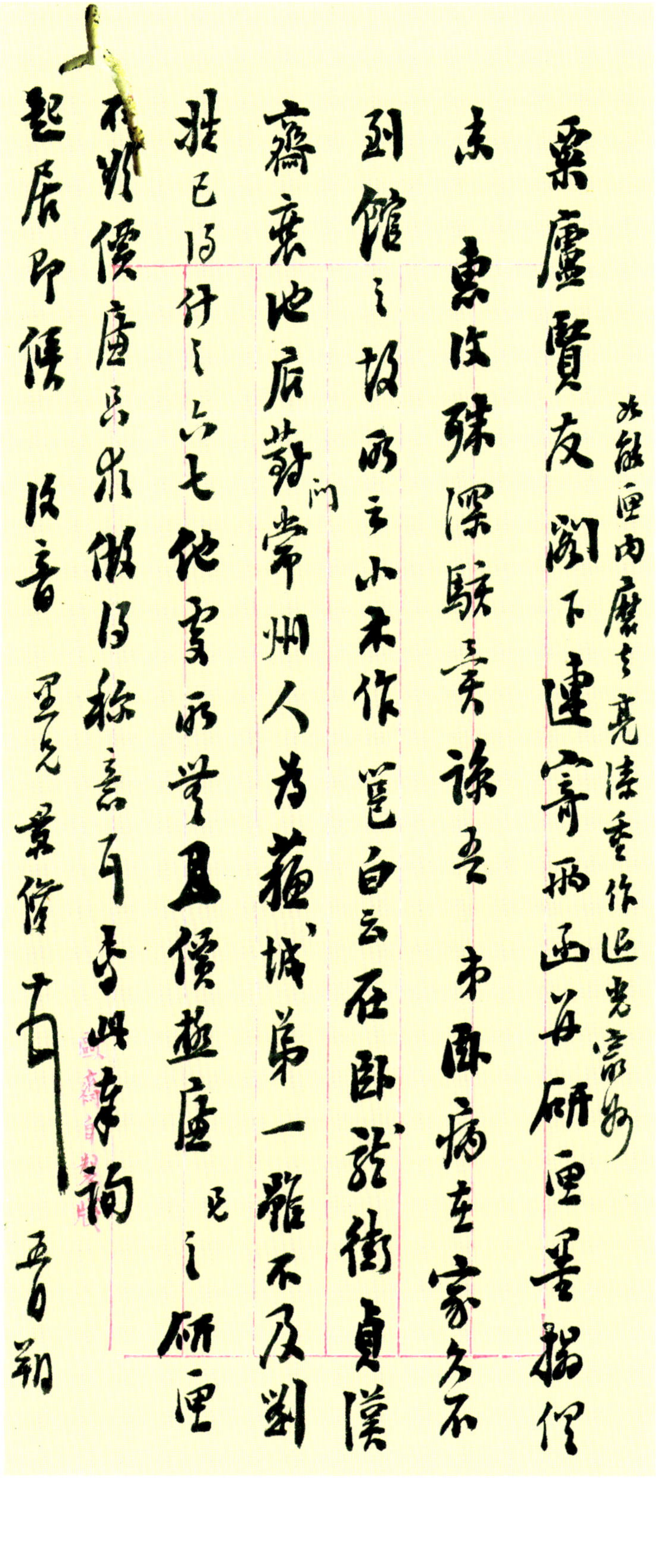

【释文】

粟庐贤友阁下：连寄两函，并砚匣、墨拓，如能匣内磨去亮漆，重作退光最妙。俱未惠复，殊深骇异！谅吾弟卧病在家，久不到馆之故。所云小木作邕白云〔一〕，在卧龙街贞汉斋装池店对门，常州人，为苏城第一，虽不及刘姓，已得什之六七，他处所无，且价极廉。兄之砚匣不欲价廉，只求做得称意耳。专此，奉询起居，即候复音！愚兄景修顿首。五日朔。

【考注】

〔一〕邕白云，苏州一小木作坊的名号。

# 沈景修致俞粟庐书三二

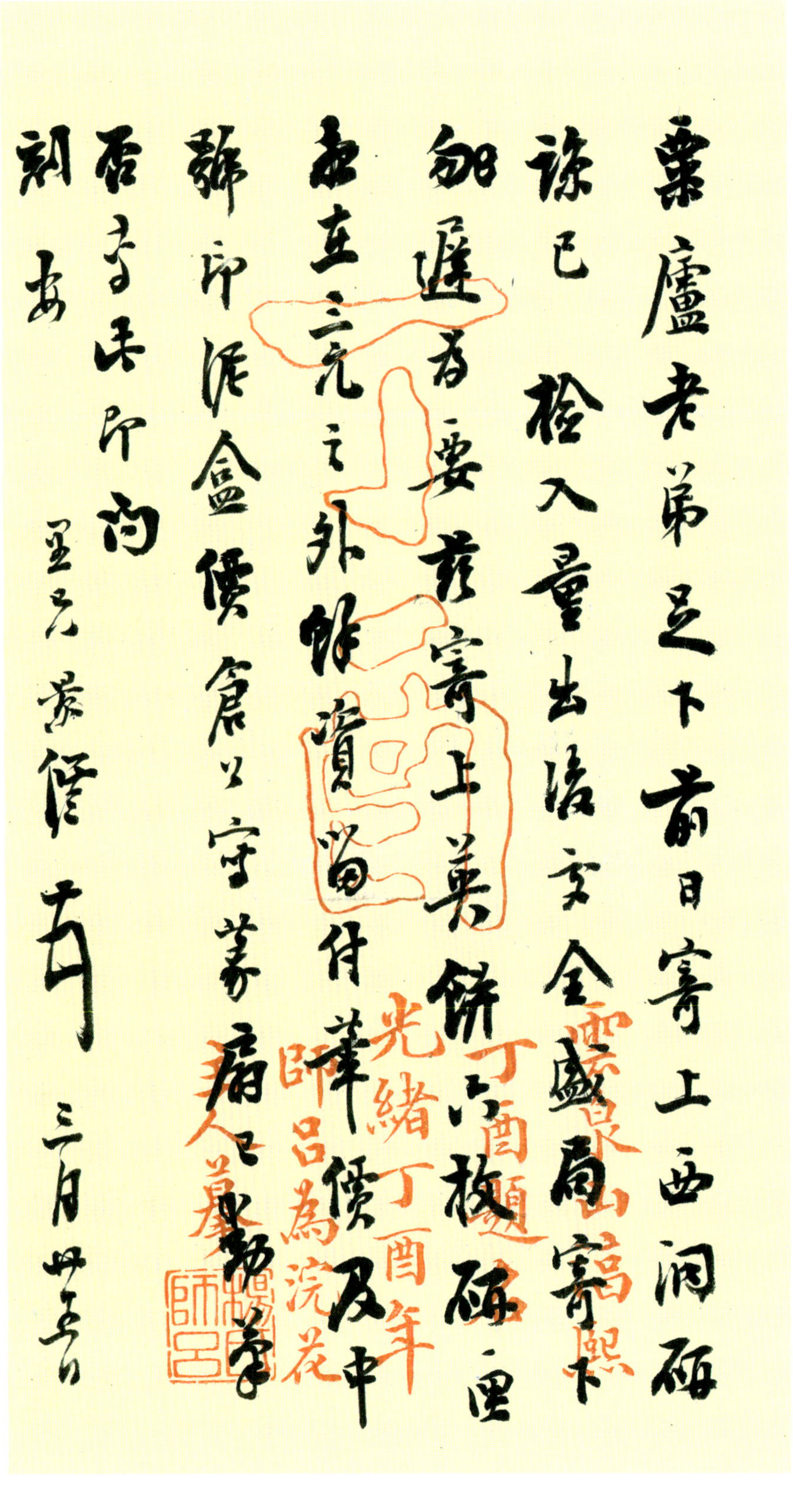
粟廬老弟足下：前日寄上西洞硯，
諒已 檢入。量出路亥全盛扇寄下，
細還為要。茲寄上美餅六枚，硯一匣，
希查收。元元之外，餘資留付筆價及中
號印泥盒價，餘以守幕扇之勞。
否。專泐，即問
刻安。
星兄 景修 頓首 三月廿五日

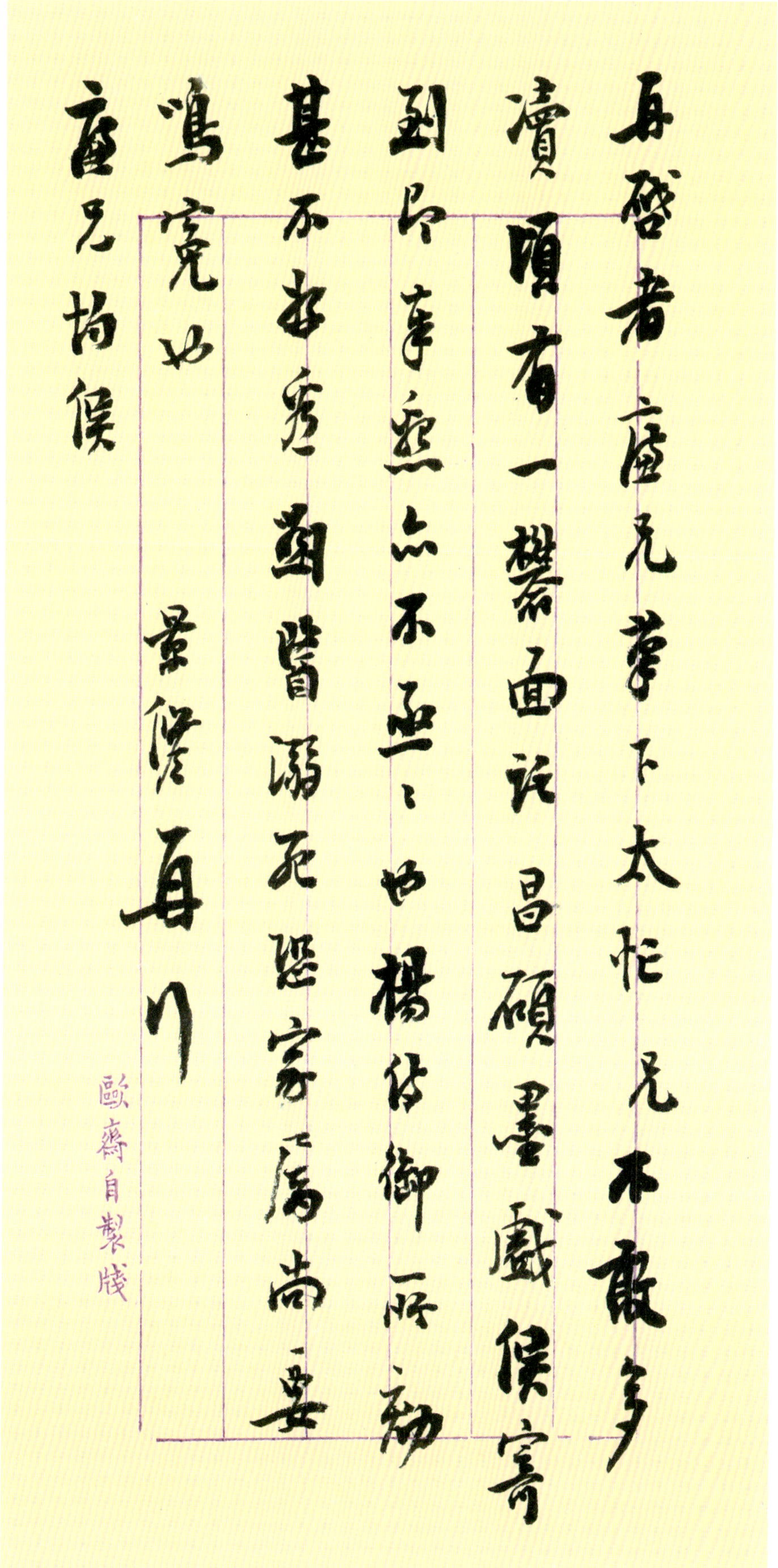

再啓者 廬兄尊下太忙兄不敢多
瀆頃有一鬱面託昌碩墨戲俟寄
到即奉還亦不亟亟也楊侍御所劾
甚不安表舅皆溺死姪家屬尚要
鳴冤也 景修再叩
廬兄均候

歐齋自製牋

【释文】

粟庐老弟足下：前日寄上西洞砚[一]，谅已检入，量出后交全盛局寄下，勿迟为要。兹寄上英饼六枚，砚匣想在三元之外，馀资留付笔价及中号印泥盒价。仓公[二]写篆扇已动笔否？专此，即问刻安！愚兄景修顿首。三月廿五日。

再启者：廉兄[三]笔下太忙，兄不敢多渎。顷有一矾面[四]，托昌硕墨戏，候寄到即奉恳，亦不亟亟也。杨侍御所劾[五]，甚不好看。刘医溺死，恐家属尚要鸣冤也。景修再拜。

廉兄均候！

【考注】

〔一〕西洞砚，产于广东肇庆斧柯山西麓的一种老坑端石砚。

〔二〕仓公，即吴昌硕。

〔三〕廉兄，即陆廉夫。

〔四〕矾面，矾纸扇面。

〔五〕此句内容不详，恐与刘医之死有关。

# 沈景修致俞粟庐书三三

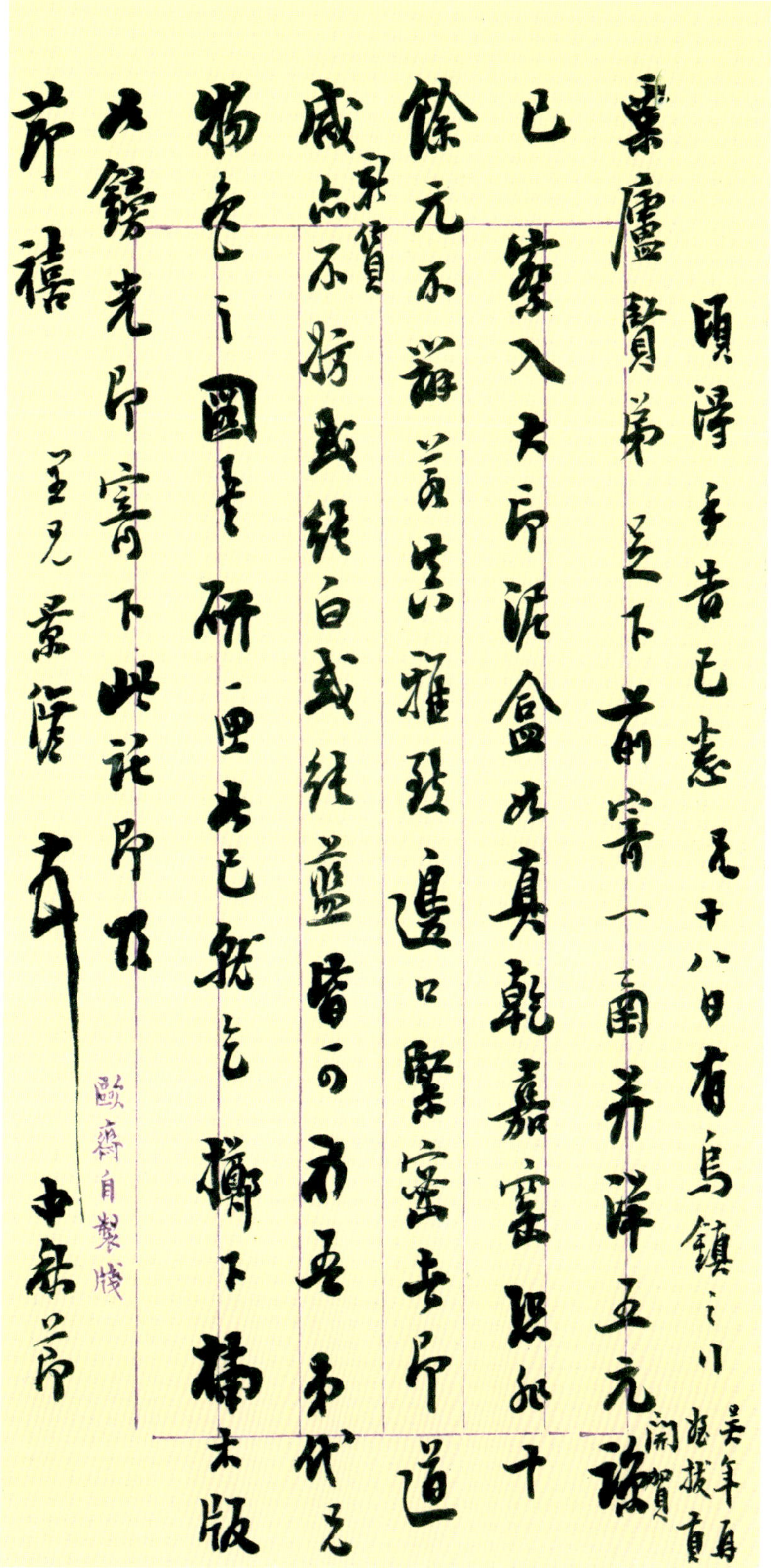
栗廬賢弟足下：前寄一函并洋五元，諒已察入。大印泥盒乃真乾嘉窑，只要十餘元不難，若其雅致，邊口緊密，去印道咸彩貨點不妨，或純白或純藍，皆可。而吾弟代兄物色之圖章、研一，因其已就，乞擲下。補去版之鏡光，即寄下。此託，即頌

芹禧

星兄景修頓首 中秋節

頃得手書已悉。兄十八日有烏鎮之行，吳年再汲拔貢開賀。

甌齋自製牋

【释文】

粟庐贤弟足下：顷得手告已悉。兄十八日有乌镇之行，吴年再侄拔贡〔一〕开贺。前寄一函并洋五元，谅已察入。大印泥盒如真乾嘉窑，恐非十余元不办。若真雅致，边口紧密者，即道、咸新货亦不妨，或纯白或纯蓝皆可，祈吾弟代兄物色之。图书砚匣如已就，乞掷下。楠木板如镑光即寄下。此托，即颂节禧！愚兄景修顿首。中秋节。

【考注】

〔一〕拔贡，按清制，自乾隆七年起，每十二年（逢酉年）由各省学政在府、州、县学廪生内选拔文行优秀者，与督抚会考核定，贡入京师。先赴会考，择优者再赴朝考。入选者一等任七品京官，二等任知县，三等任教职，更下者罢归，谓之废贡。

# 沈景修致俞粟庐书三四

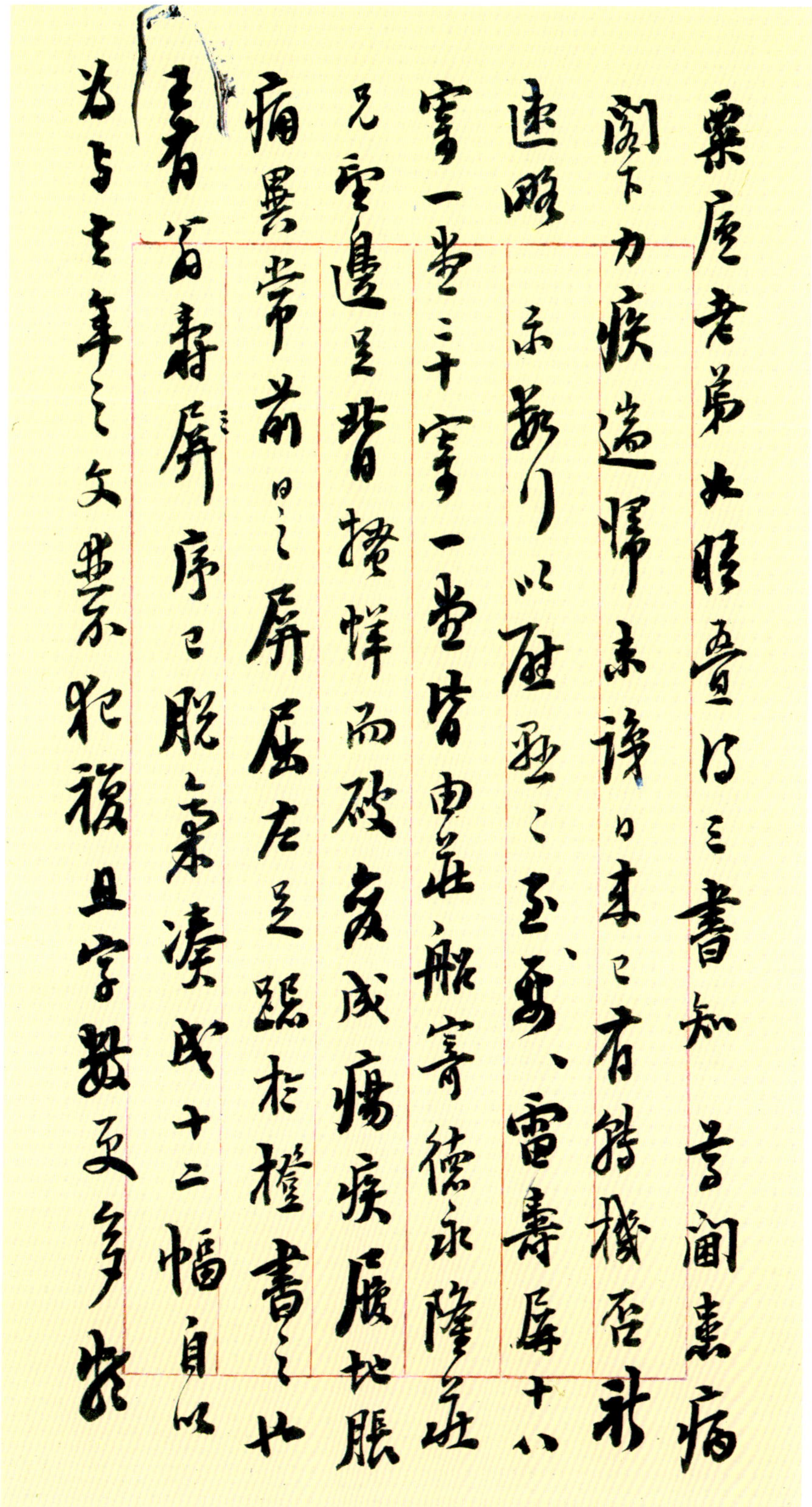
粟庐老弟大鉴：叠得三书，知尊阃患病，
阁下力疾遄归，未谂日来已有转机否？补
速瘥。示敬以屏联之玉琢、雷寿屏十八
字一堂、二十字一堂，皆由庄船寄德承隆庄
兄处，遗呈。背擦伤而破，致成疡疾，履地胀
痛异常。前日之屏，屈左足跪于凳书之。此
[illegible]寿屏序已脱稿，凑成十二幅，自以
为与去年之文无不犹，且字数更多，[illegible]

者消之 惟写册要耳 雷屏两堂字幅
太扁极不好看 幸文字短而行间疏 易於
右藏事如慕屏未知何日寄来 能遂为妙
王屏九月内必须写成矣 侯 老弟到苏后必
能毕务耳 去(?)岁来癖 家中又有病人 日
来心绪恶甚 无聊 未知我地有良医否 念念
文稿の存王首前履历一本同附上
本此即颂
竹安 鹄候 霞音 吾兄 景侯 吉
八月廿日

**【释文】**

粟庐老弟如晤：叠得三书，知尊阃[一]患病，阁下力疾遄归，未识日来已有转机否？祈速略示数行，以慰悬悬，至要！至要！雷寿屏十八寄一堂，二十寄一堂，皆由庄船[二]寄德永隆庄。兄望边[三]足背搔痒，而破变成疡疾，履地胀痛异常。前日之屏，屈左足踞于凳书之也。王有翁寿序已脱稿，凑成十二幅，自以为与去年之文并不犯复，且字数更多，颇为满足，惟写时吃力耳。雷屏两堂字形太扁，极不好看，幸文字短而行间疏，易于葳事[四]也。綦屏未知何日寄来，能从速为妙。王屏九月内必须写成，想俟老弟到苏后始能界格耳。尊恙未瘳，家中又有病人[五]，日来心绪，想甚无憀，未知松地有良医否？念念！专此，即颂侍安！鹄俟复音。愚兄景修顿首。八月廿一日。

文稿四纸，王有翁履历一本，同附上。

**【考注】**

〔一〕阃，原指妇人住的内室，引申为内人、夫人。

〔二〕庄船，运货的船只。旧时信件多由货船捎带。

〔三〕望边，农历每月十五为望，望边即月中。

〔四〕葳事，指事已完成。

〔五〕“家中又有病人”句，从此信看，此时俞粟庐虽已调任苏州黄天荡，但家属尚在松江。

# 沈景修致俞粟庐书三五

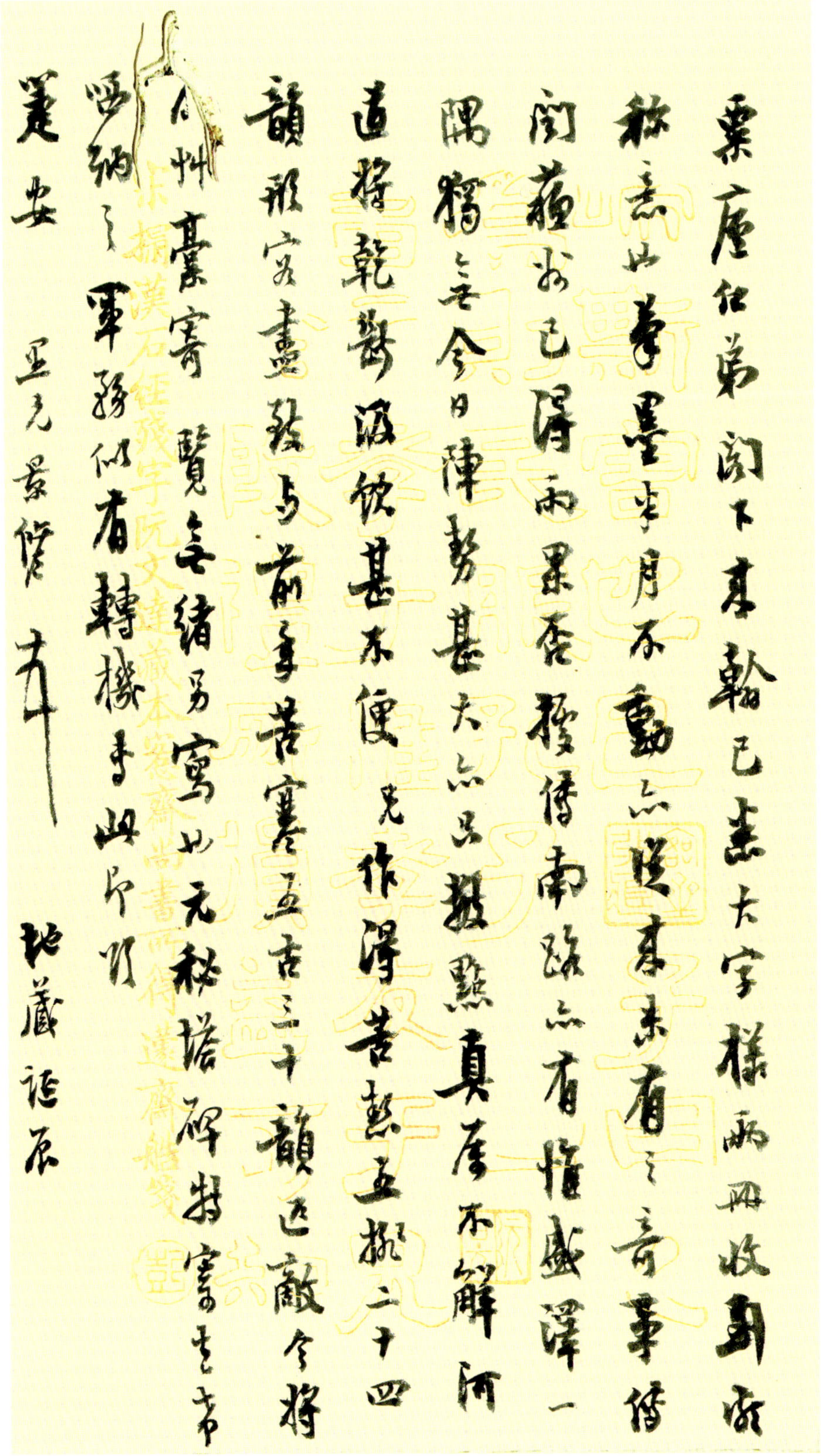
粟庐仁弟阁下：来翰已悉，大字样两册收到，寄秋嘉山笔墨半月不动，亦从来未有之奇事。偕阁藩如已得雨，果否？据传南路亦有，惟盛泽一隅独无之。今日阵势甚大，亦只数点，真不解何。直将乾隆断饮，甚不便。兄作得苦热五排二十四韵，聊寓书怀，与前年苦寒五古三十韵正敌，今将付梓，稾寄览。无绪，另写如元秘塔碑对寄去，希哂纳之。军务似有转机，专此即颂
箸安
弟元景修顿首
地藏诞辰

【释文】

粟庐仁弟阁下：来翰已悉，大字样两册收到，颇称意也。笔墨半月不动，亦从来未有之奇事。传闻苏州已得雨，果否？据传南路亦有，惟盛泽一隅独无，今日阵势甚大，亦只数点，真属不解！河道将干断，汲饮甚不便。兄作得《苦热》五排二十四韵，形容尽致，与前年《苦寒》五古三十韵匹敌。今将此草稿寄览，无绪另写也。《元秘塔碑》[一]特寄去，希哂纳之。军务似有转机。专此，即颂扇安！愚兄景修顿首。地藏诞辰[二]。

【考注】

〔一〕《元秘塔碑》，即唐代书法家柳公权代表作《玄秘塔碑》。

〔二〕地藏诞辰，即农历七月三十。

# 沈景修致俞粟庐书三六

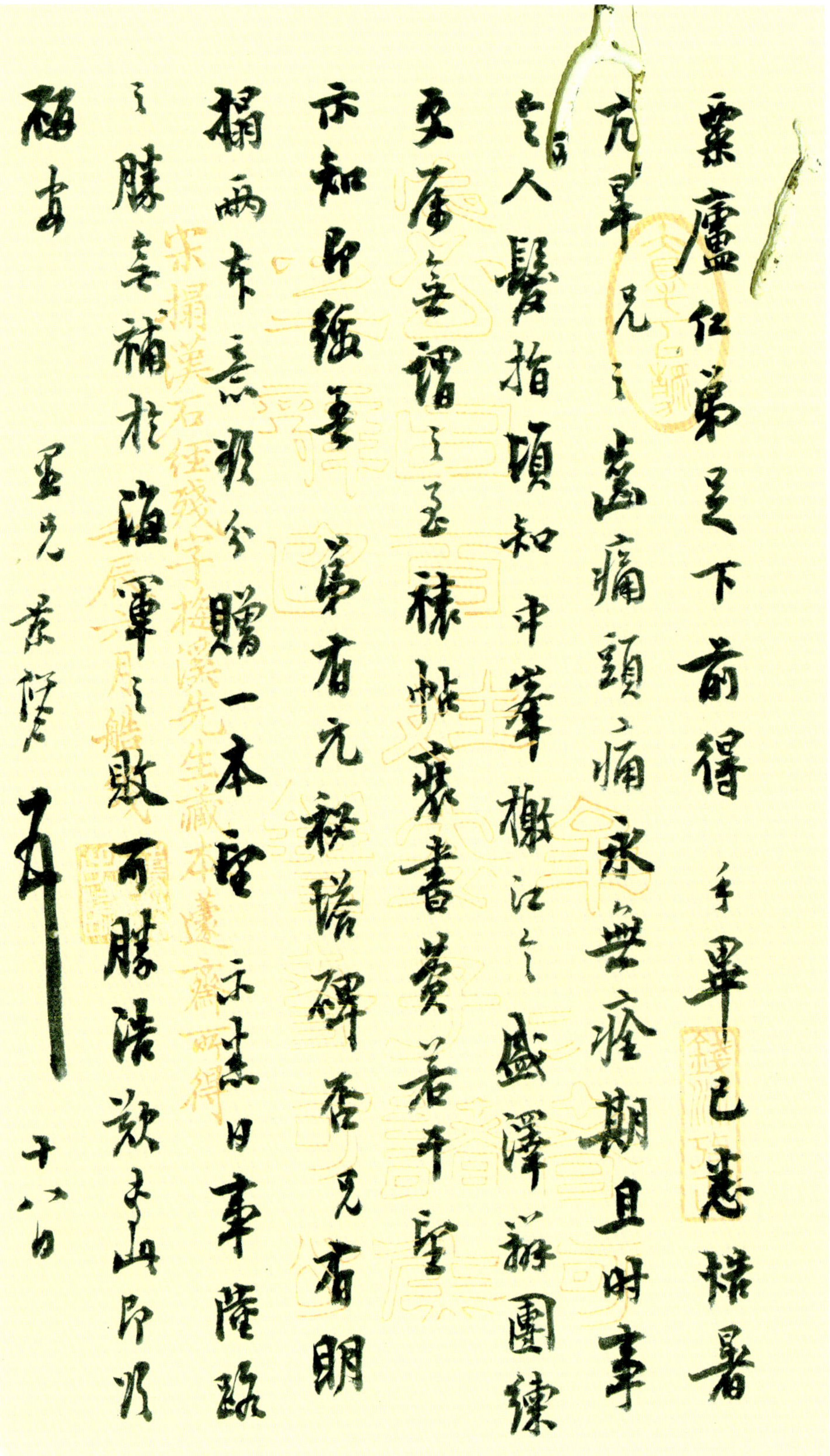

【释文】

粟庐仁弟足下：前得手毕[一]已悉。酷暑亢旱，兄之齿痛、头痛永无痊期。且时事令人发指，顷知中峰檄江，令盛泽办团练，更属无谓之至！裱帖装书费若干，望示知即缴！吾弟有《元秘塔碑》否？兄有明拓两本，意欲分赠一本，望示悉。日事陆路之胜，无补于海军之败[二]，可胜浩叹。专此，即颂砚安！愚兄景修顿首。十八日。

【考注】

〔一〕手毕，即书信。毕，编起来的竹简。

〔二〕海军之败，指甲午海战事。

# 沈景修致俞粟庐书三七

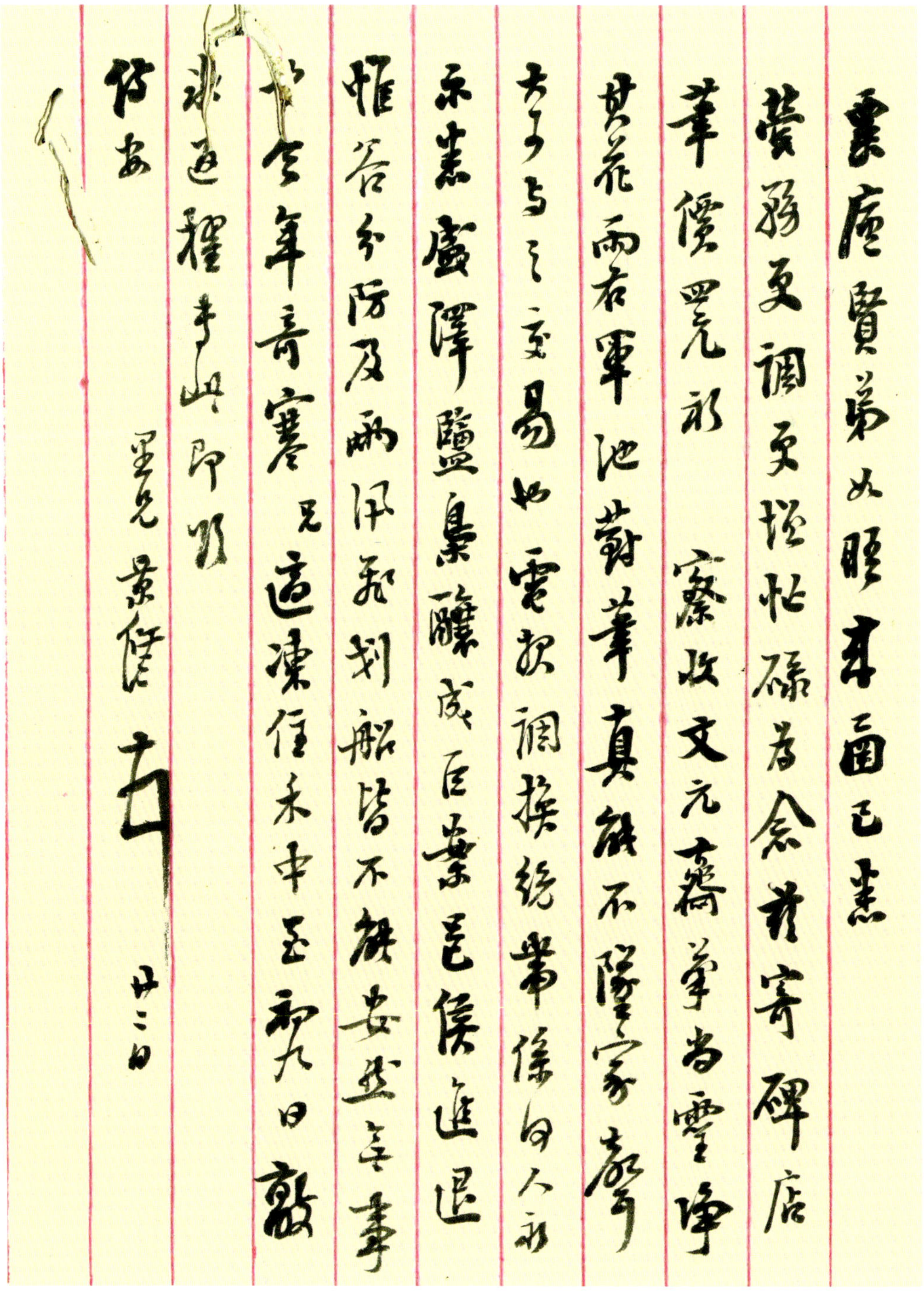

粟庐贤弟如晤：来函已悉。贵務更調更忙，孫君念黄寄碑店華價罷矣，察收。文元壽華尚需淨甚花而右軍池蘇華真能不墜家聲，方可与之交易也。曩歲調換總常係白人所示，來盧澤鹽梟釀成巨案，邑侯進退惟答分防及兩保取刹，船皆不能安然辛事。今年青寒，兄遄凍住禾中至初九日歸來過程，手此即頌近安。

愚兄景修頓

廿二日

**【释文】**

粟庐贤弟如晤：来函已悉，营务更调〔一〕，更增忙碌为念。兹寄碑店笔价四元，祈察收。文元斋笔尚灵净，其花雨右军池对笔，真能不坠家声，大可与之交易也。电报调换统带系何人？祈示悉。盛泽盐枭〔二〕酿成巨案，邑侯〔三〕进退惟〔四〕谷，分防及雨汛，飞划船皆不能安然无事也。今年奇寒，兄适冻住禾中，至初九日敲冰返棹。专此，即颂侍安！愚兄景修顿首。廿二日。

**【考注】**

〔一〕此句指俞粟庐于光绪八年（1882）从松江标营调往苏州黄天荡水师营任帮办营务官。

〔二〕盐枭，贩卖私盐的团伙。

〔三〕邑侯，指地方长官。

〔四〕惟，通“维”。

# 沈景修致俞粟庐书三八

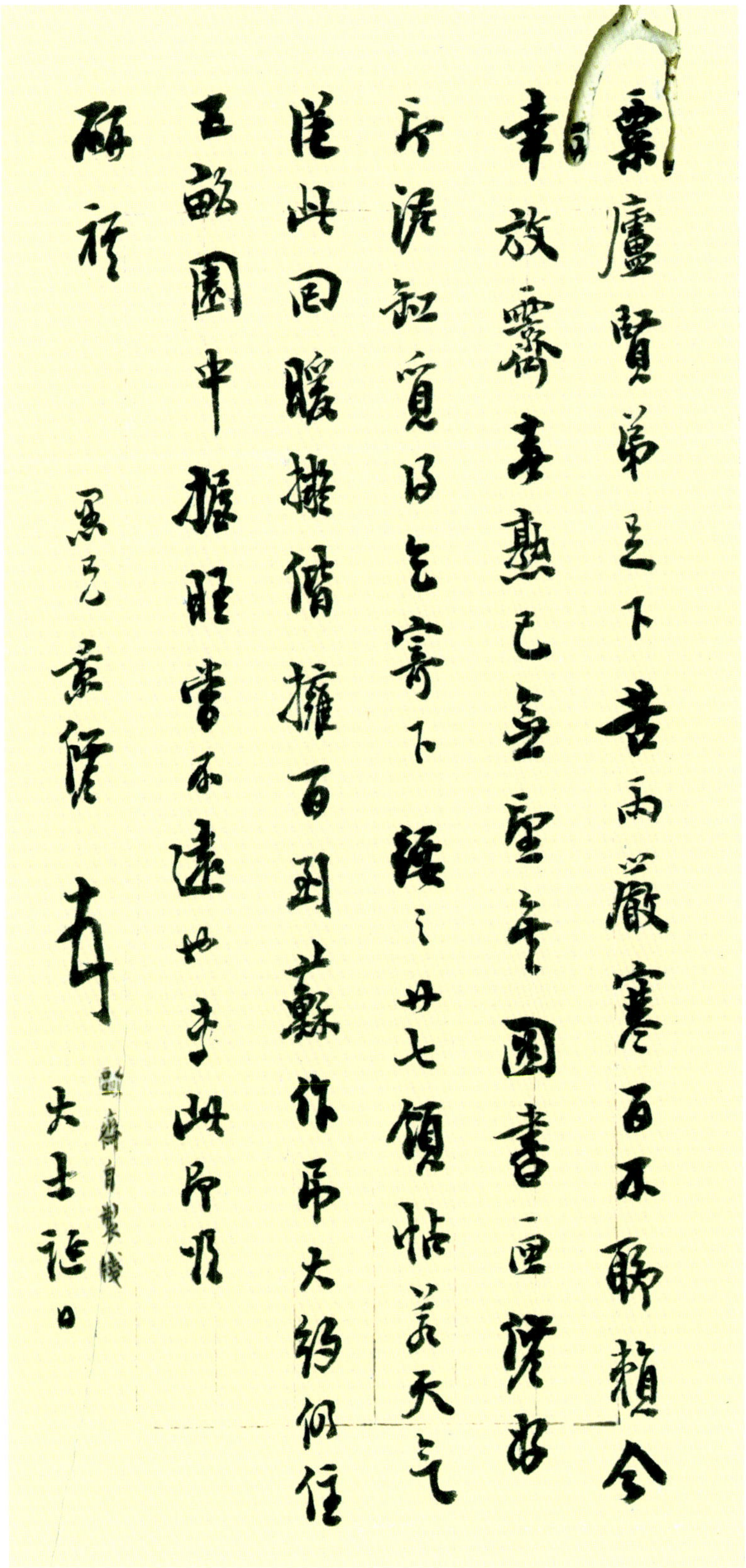

【释文】

粟庐贤弟足下：苦雨严寒，百不聊赖，今幸放霁，春熟已无望矣。图书匣修好，印泥缸觅得乞寄下。绥之〔一〕廿七领帖〔二〕。若天气从此回暖，拟偕拥百〔三〕到苏作吊，大约仍住五亩园中，握晤当不远也。专此，即颂砚祺！愚兄景修顿首。大士诞日〔四〕。

【考注】

〔一〕绥之，即谢绥之。参见沈景修致俞粟庐书二注〔八〕。

〔二〕领帖，收到帖子。

〔三〕拥百，即施拥百。参见沈景修致俞粟庐书二一注〔三〕。

〔四〕大士诞日，观音菩萨诞辰，即农历二月十九。

# 沈景修致俞粟庐书三九

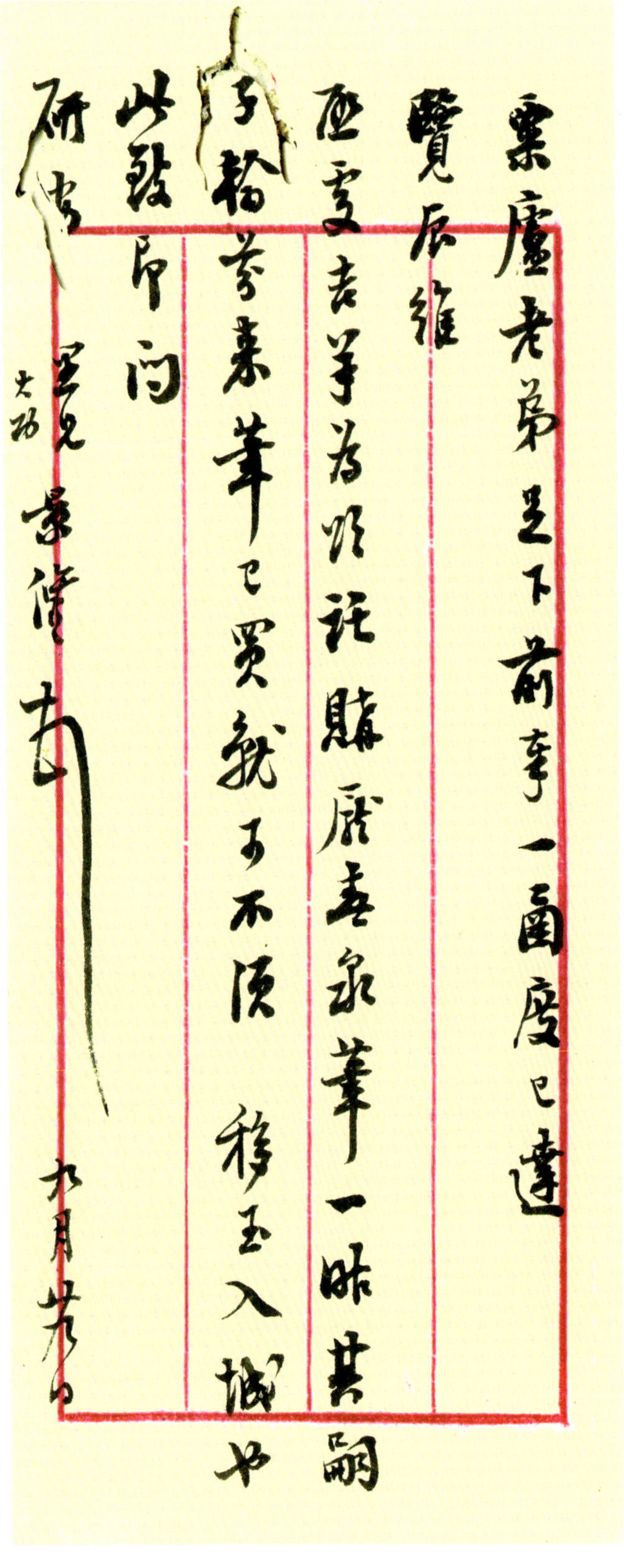

粟廬老弟足下：前奉一函，度已達
覽。辰維
履祉吉羊為頌。托購屠春泉筆一昧，其嗣
子裕蓀來，筆已買就，可不須移玉入城也。
此致，即問
研安。
大功兄景修頓首 九月廿六日

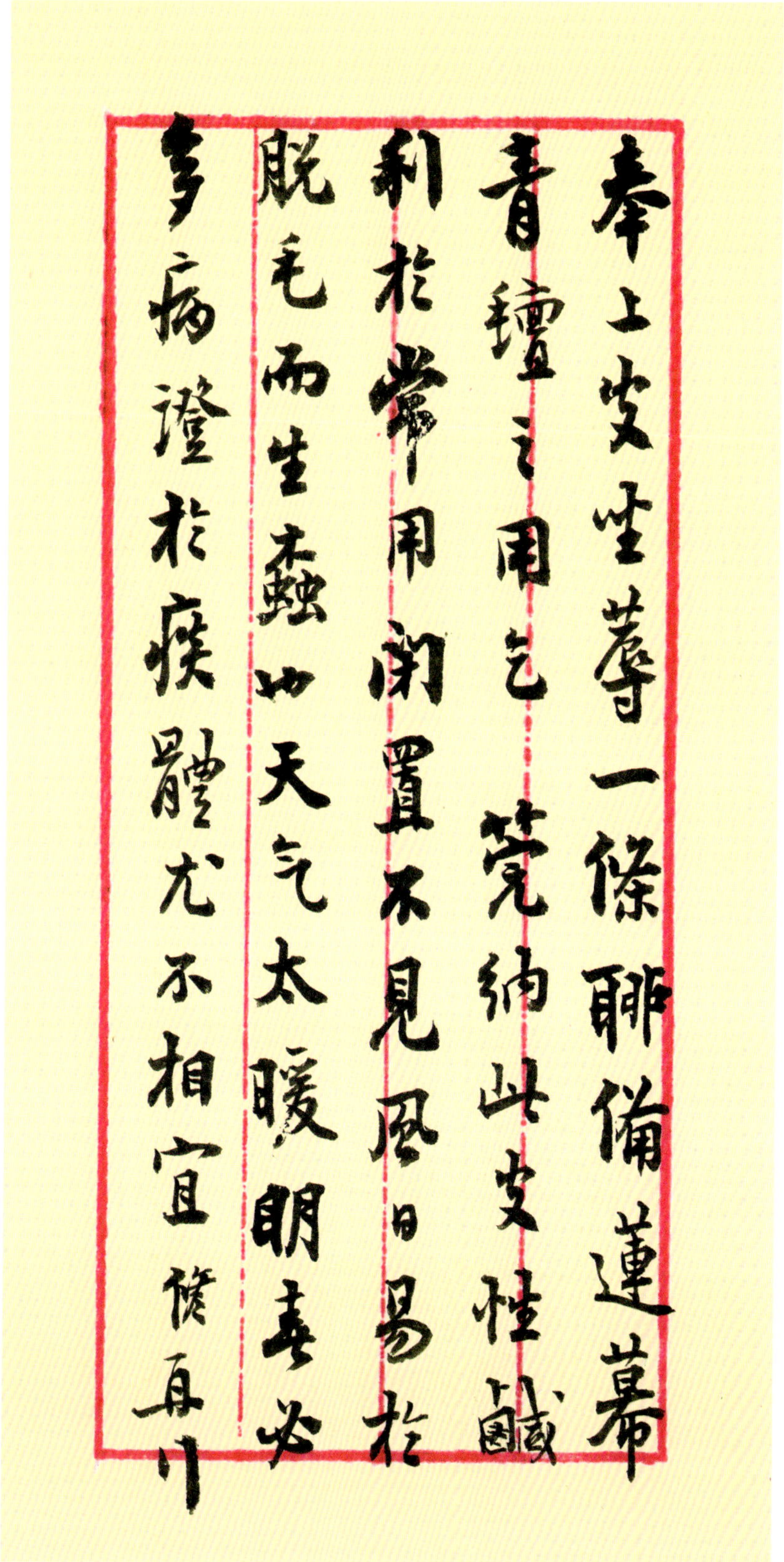
奉上尖生等一條，聊備蓮幕
青氈之用，乞
笑納。此支性鹹，
利於常用，閑置不見風日，易於
脫毛而生蠹也。天氣太暖，明春必
多病，證於疾體尤不相宜。候再叩

【释文】

粟庐老弟足下：前奉一函，度已达览，辰维启处，吉羊为颂。托购庞春泉笔，一昨其嗣子翰芬来，笔已买就，可不须移玉〔一〕入城也。此致，即问砚安！愚兄大功景修顿首。九月廿九日 。

奉上皮坐蓐〔二〕一条，聊备莲幕〔三〕青毡〔四〕之用，乞莞纳。此皮性咸，利于常用，闭置不见风日，易于脱毛而生虫也。天气太暖，明春必多病证〔五〕，于痰体尤不相宜。修再拜。

【考注】

〔一〕移玉，请人前来的敬辞。

〔二〕皮坐蓐，皮坐垫。

〔三〕莲幕，幕府，此指俞粟庐所在的苏州黄天荡水师营。

〔四〕青毡，《晋书·王羲之传附王献之》：“夜卧斋中，而有人入其室，盗物都尽。献之徐曰：‘偷儿，青毡我家旧物，可特置之。’群偷惊走。”后以青毡为士人家旧物之代称。

〔五〕证，通“症”。

# 沈景修致俞粟庐书四〇

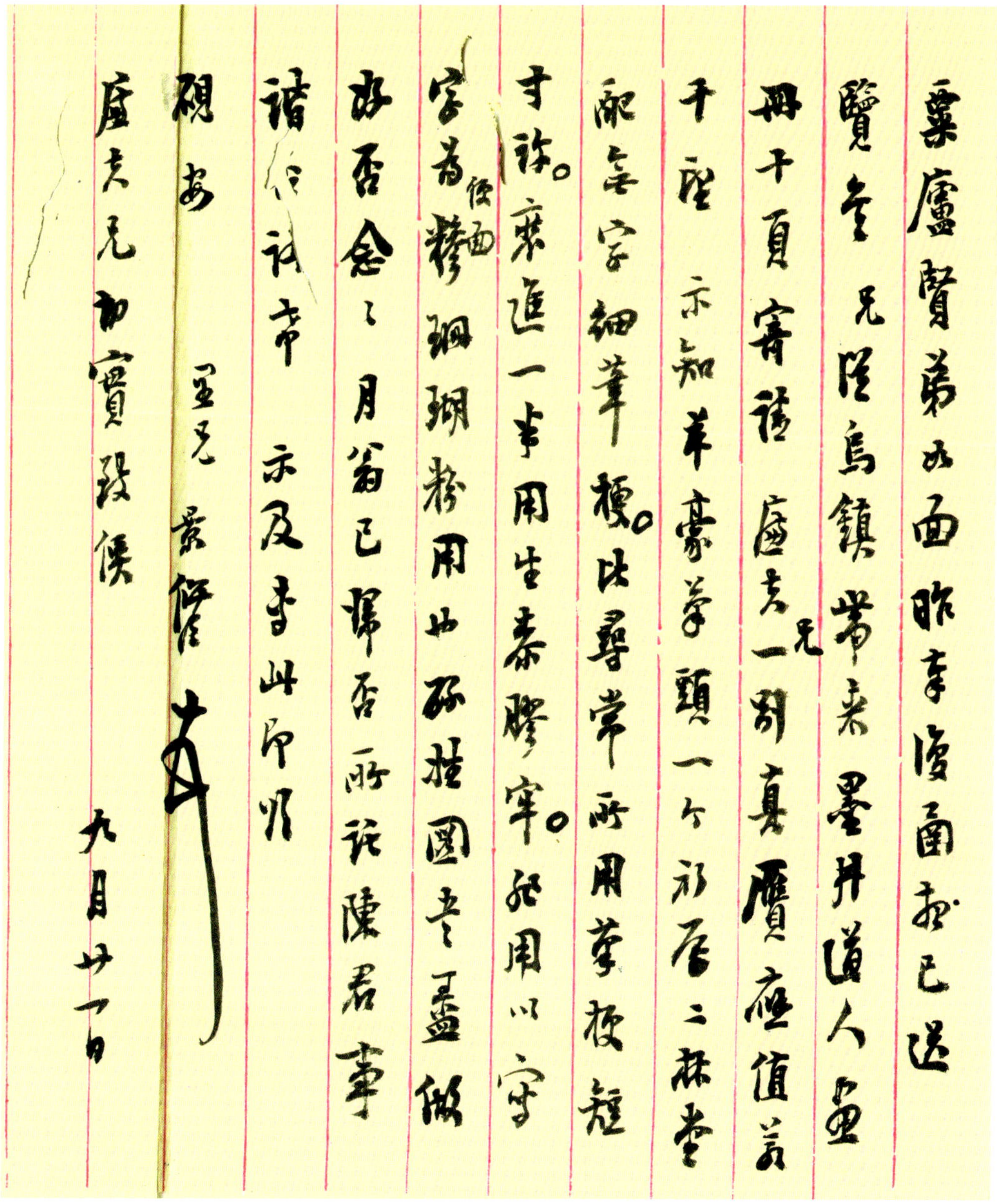
粟廬賢弟如面：昨李復函知已送覽矣。兄從烏鎮常來墨井道人畫冊十頁寄請廬老兄一閱，真贋應值若干，望示知。羊毫筆頭一個，形應二株李配合，字細筆梗，比尋常所用筆桿短寸許。前進一步用生漆膠牢，如用以寫字，為（佐西）膠珊瑚粉用如砑桂圓壳一盞做好否？念念。月翁已歸否？所託陳君事請代詢，示及。季以印泥

硯安。

愚兄景修

廬老兄均此致候

九月廿一日

【释文】

粟庐贤弟如面：昨奉复函，想已送览矣。兄从乌镇带来墨井道人〔一〕画册十页，寄请廉夫兄一别真赝，应值若干，望示知。羊毫笔头一个，祈嘱二林堂配无字细笔梗，比寻常所用笔头短寸许，装进一半，用生漆胶牢，非用以写字，为便面糁珊瑚粉用也。孙姓图书盏做好否？念念。月翁〔二〕已归否？所托陈君事谐否，请希示及？专此，即颂砚安！愚兄景修顿首。九月廿一日。

廉夫兄切实致候！

【考注】

〔一〕墨井道人，即吴历（1632—1718）。清初山水画家，与“四王”、恽南田并称“清初六家”。

〔二〕月翁，即张履谦，字月阶，苏州补园主人。

# 沈景修致俞粟庐书四一

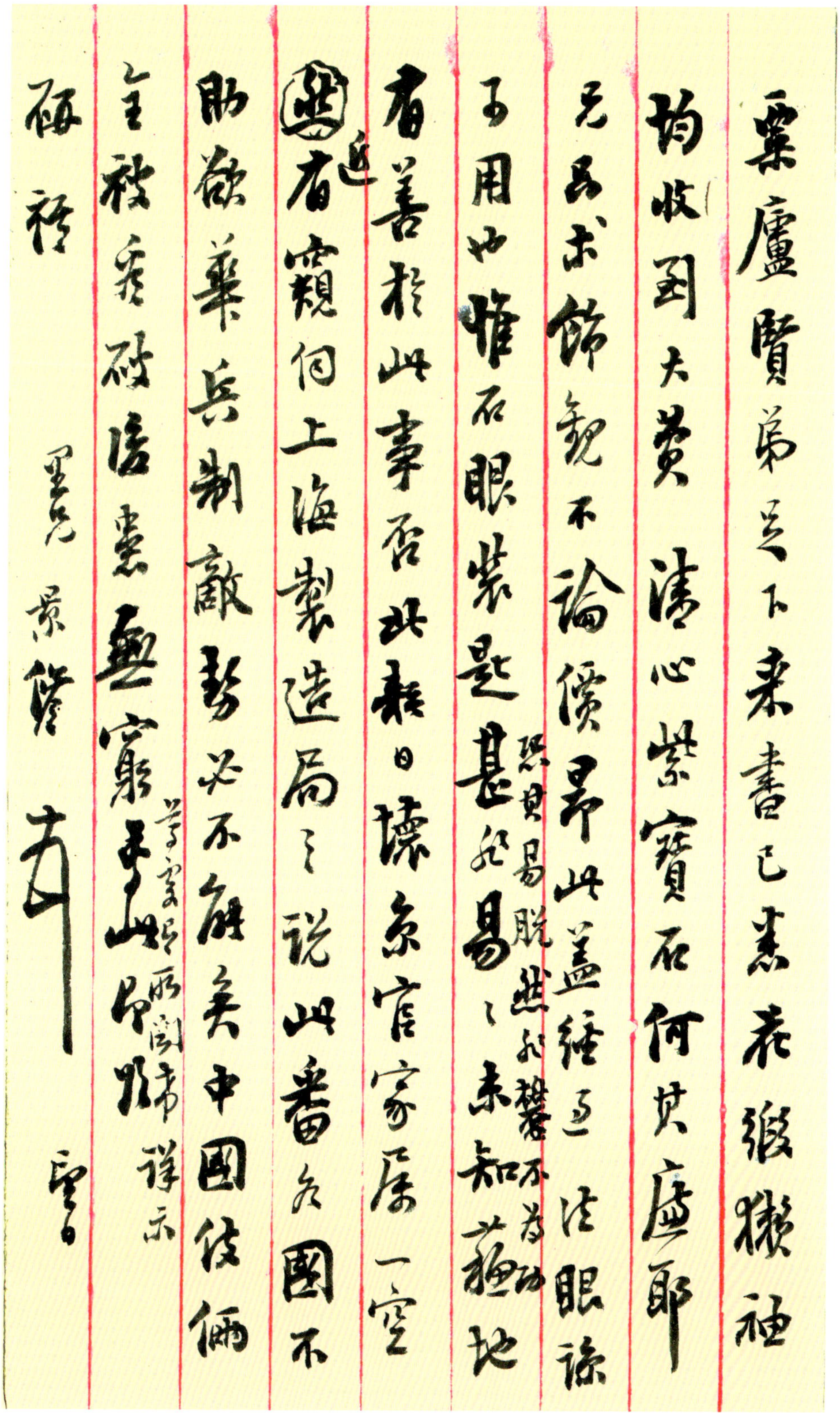
粟廬賢弟足下：来書已悉，承徵袖
珍收到，大黄、清心、紫寶石何其廉耶，
兄之求鈐印，不論價昂，此蓋經過法眼，諒
可用也。惟石眼紫甚易易，未知藝地
有善於此事否？此種日誌系官家居一空。
近有窺伺上海製造局之說，此番各國不
助，欲藥兵制敵，勢必不能矣。中國從此
金穀奏破，隱患無窮，奈何！
順頌
侍祺
景修 頓首

【释文】

粟庐贤弟足下：来书已悉，花缎獭袖均收到，大费清心。紫宝石何其廉耶？兄只求饰观，不论价昂。此盖经过法眼，谅可用也。惟石眼装匙[一]，甚非易易，恐其易脱，然非砚不为功。未知苏地有善于此事否？北耗[二]日坏，京官家属一空。近有窥伺上海制造局之说，此番各国不助，欲华兵制敌，势必不能矣。中国伎俩全被看破，后患无穷。尊处有所闻，希详示。专此，即颂砚祺！愚兄景修顿首。望日。

【考注】

〔一〕石眼，端砚中呈圆形如鸟兽眼睛的名贵花纹。装匙，装嵌。

〔二〕北耗，北方传来的信息。

# 沈景修致俞粟庐书四二



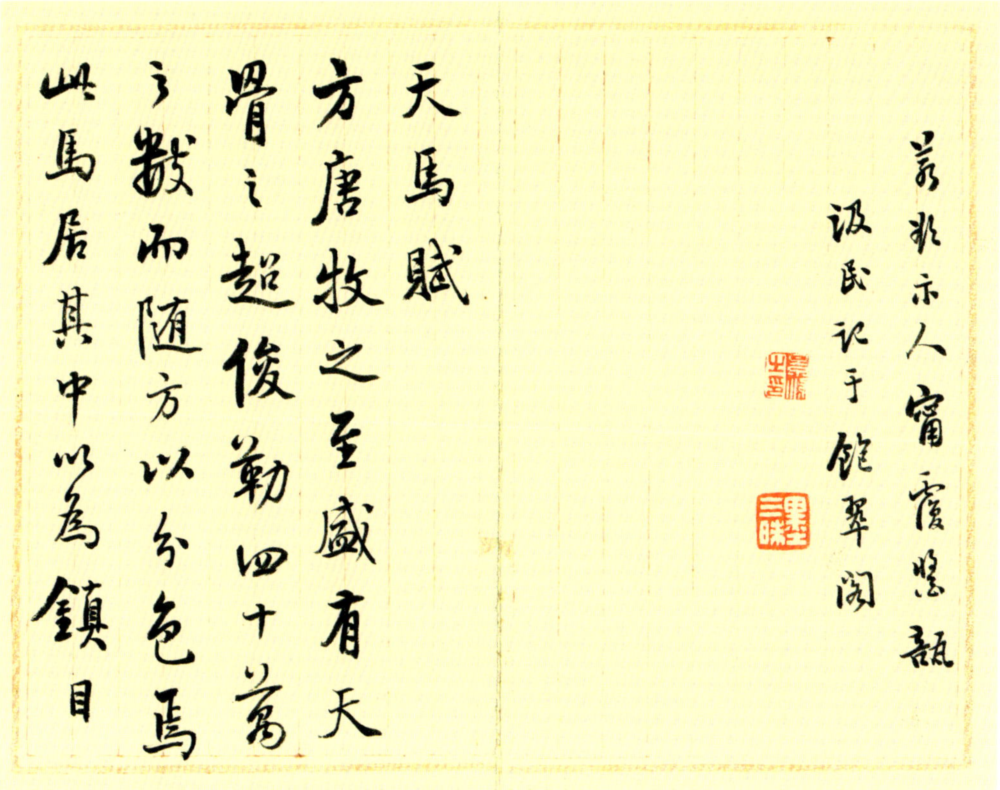

蒙兆示人甯霞照韻
汲民記于館翠閣

天馬賦
方唐牧之至盛有天
骨之超俊勒四十萬
之數而隨方以分色焉
此馬居其中以為鎮目

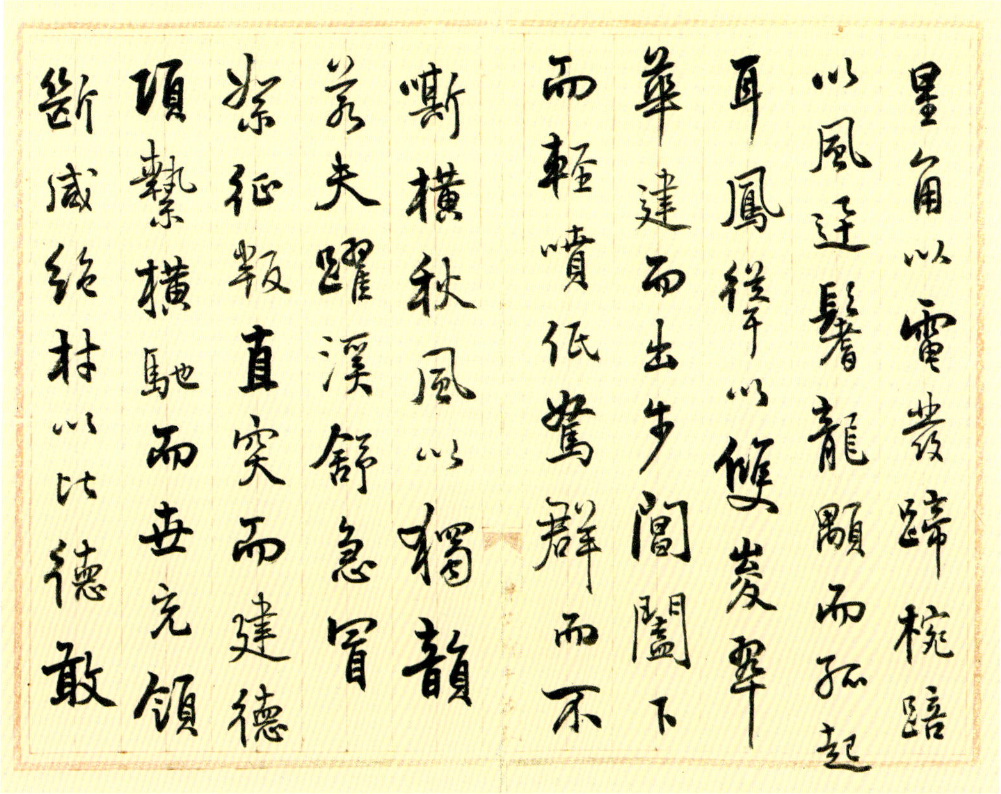

星角以電發蹄棱踣
以風迸鬐龍顧而孤起
耳鳳聳以雙竪
華建而出步閶闔下
而輕噴低驚群而不
斷橫秋風以獨韻
若夫躍溪舒急冒
險徑叛直突而建德
項斃橫馳而世充領
斷盛絕材以比德敢

伺躐以致客堂肯逐浪
金粟之堆坡當心視
八坊之駿高標雄跨而
師子讓獰逸氣下襄
而照夜矜穩於是風
靡棧類色抄未駘入
仗不動終日如坏乃得
玉為銜飾繡作鞍韉
隸線粟肉脹筋揮
其報德也蓋不如偷

盧噬盜策蹇騰升
紫鑄黃銅而吐水畫
白澤以除災但覺駝
垂馱節混伏防猜
狔心雖厲馴號期諧
誓俛首以畢安未伏
櫪以興懷嗟乎所
謂英風頓盡冗仗
長排若不市駿骨
致龍媒如此馬者一

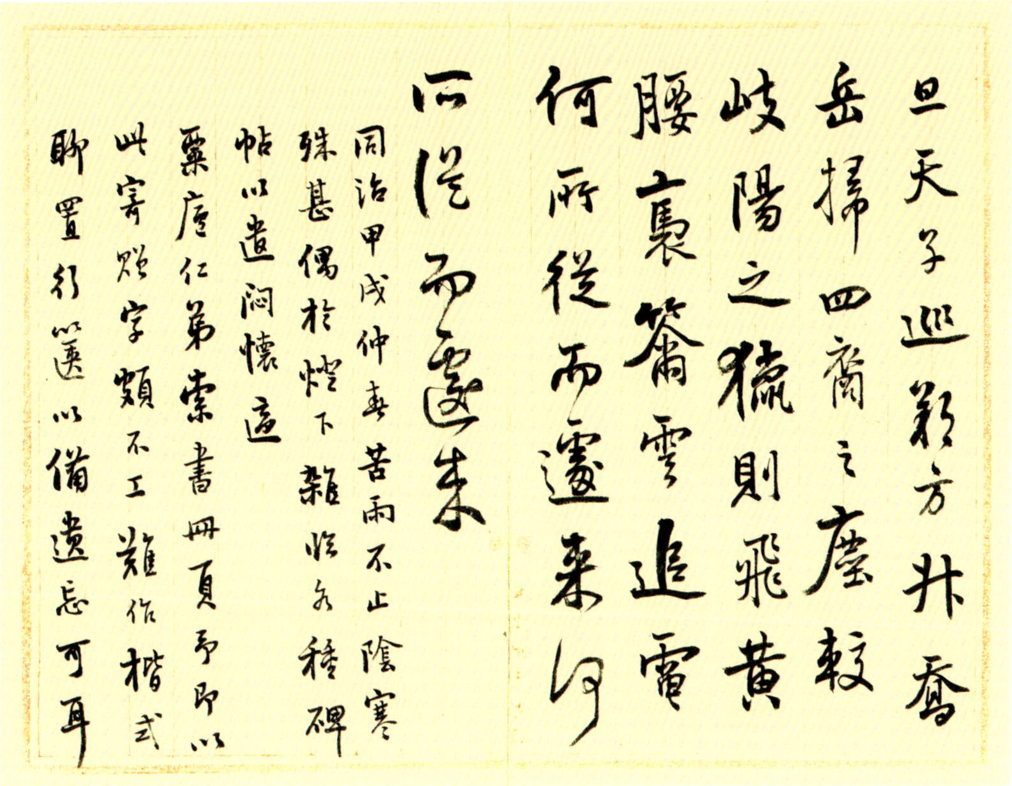

旦天子巡朔方升喬岳掃四裔之塵較岐陽之獵則飛黃腰褭篇雲追電何所從而遽來何所從而遽來

同治甲戌仲春苦雨不止陰寒殊甚偶於燈下雜臨各種碑帖以遣悶懷適粟庵仁弟索書冊頁即以此寄贈字類不工雜作楷式聊置行篋以備遺忘可耳

【释文】

## 天马赋[一]

方唐牧之至盛，有天骨之超俊。勒四十万之数，而随方以分色焉。此马居其中以为镇。目星角以电发，蹄碗踣以风迅。鬐龙颙而孤起，耳风耸以双峻。翠华建而出步，阊阖下而轻喷。低驽群而不嘶，横秋风以独韵。若夫跃溪舒急，冒絮征叛，直突而建德项縻，横驰而世充领断。咸绝材以比德，敢伺蹶以致吝。岂肯浪逐金粟之堆，故尝下视八坊之骏。高标雄跨而师子让狞，逸气下衰而照夜矜稳。于是风靡格颓，色妙才骀。入仗不动，终日如坏。乃得玉为衔饰，绣作鞍幰，枣秣粟，肉胀筋挥。其报德也，盖不如偷卢噬盗，策蹇升柴。铸黄蝎而吐水，画白泽以除灾。但觉驼垂就节，鼠伏防猜。垢心虽厉，驯号期谐。誓俯首以毕世，未伏枥以兴怀。嗟乎！所谓英风顿尽，冗仗长排。若不布骏骨，致龙媒如此马者，一旦天子巡朔方，升乔岳，扫四裔之尘，较岐阳之猎，则飞黄腰褭，篇云追电，何所从而遽来，何所从而遽来！

同治甲戌[二]仲春，苦雨不止，阴寒殊甚，偶于灯下杂临各种碑帖，以遣闷怀。适粟庐仁弟索书册页，予即以此寄赠。字颇不工，难作楷式，聊置行箧，以备遗忘可耳！

**【考注】**

〔一〕天马，最早见于《山海经·北山经》："又东北二百里，曰马成之山，其上多纹石，其阴多金玉。有兽焉，其状如白犬而黑头，见人则飞，其名曰天马。"《天马赋》最早由宋代大书法家米芾书写。明清以来，文征明、董其昌、张照等书家都有临摹。一般正文前有小序，沈景修所书《天马赋》无。

〔二〕甲戌，同治十三年（1874）。

# 李鸿裔致俞粟庐书

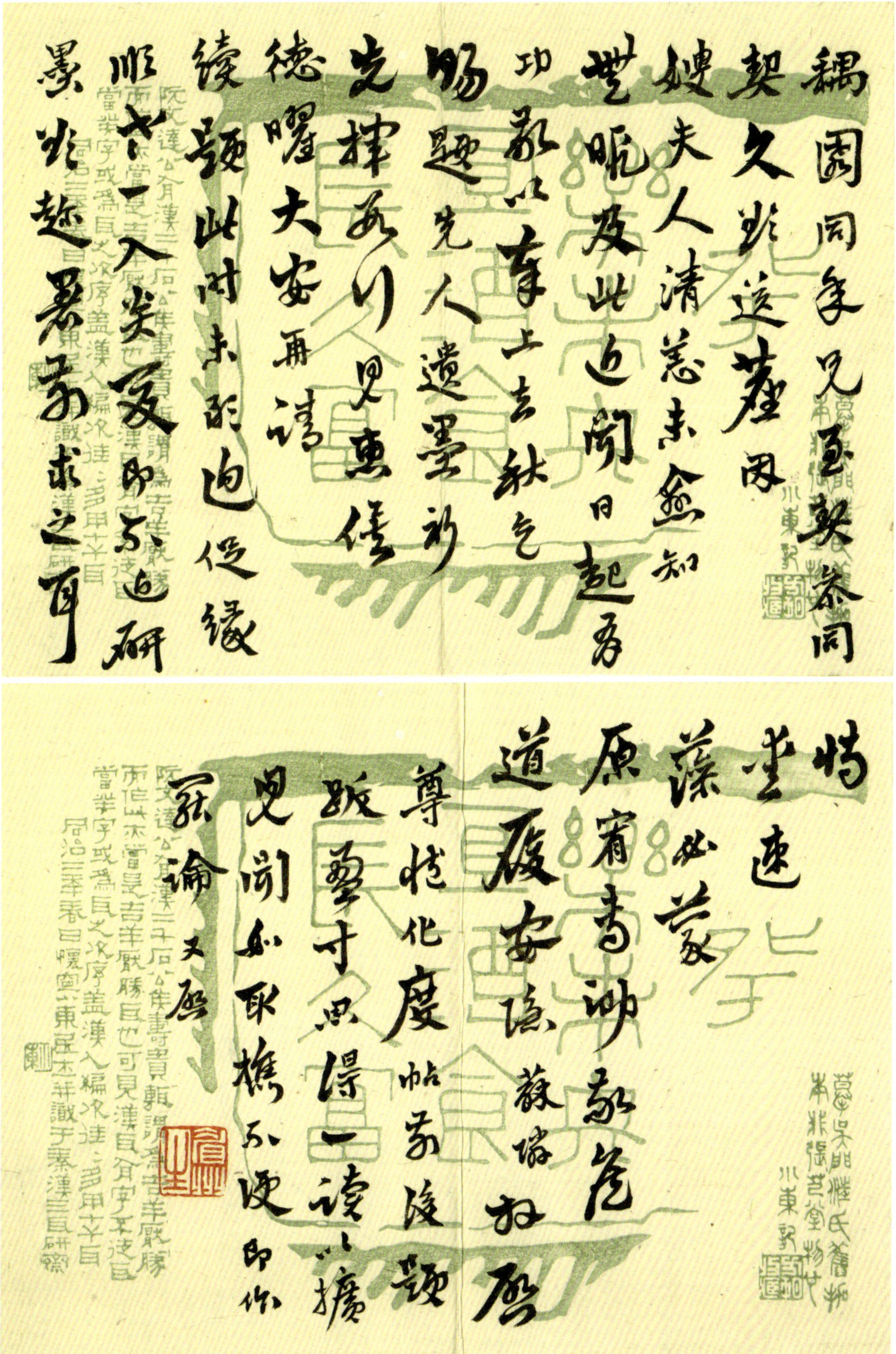

【释文】

耦园〔一〕同年〔二〕兄至契〔三〕参同契〔四〕：久欲送尘〔五〕，因嫂夫人清恙未愈，知无暇及此。近闻日起有功，敬以奉上。去秋乞赐题先人遗墨，祈先挥数行见惠，俟德曜〔六〕大安，再请续题，此时未敢迫促〔七〕，缘顺世〔八〕一人炎夏，即不近砚墨，欲趁暑前求之耳。恃爱速藻〔九〕，必蒙原宥。专泐〔一〇〕，敬候道履安隐。苏邻〔一一〕拜启。

尊藏《化度帖》前后题跋盈寸，思得一读，以扩见闻。如取携不便，即作罢论。又启。

【考注】

〔一〕耦园，原名涉园，位于苏州仓街。始建于清初。光绪初年，湖州沈秉成曾任苏松道台，退隐后购得此园，聘画家顾沄等加以设计。因住宅东西两侧各建一园，故名耦园。此园当年既是沈秉成夫妇隐居之所，也是文人墨客雅集之地。今为全国重点文物保护单位。

〔二〕同年，按科举制度，同榜之士称同年。俞粟庐并没有参加科举考试，称不上“同年”，此信疑写给耦园主人沈秉成的，不知为何存于俞之箧中。沈秉成，字仲复，咸丰六年进士，官至安徽巡抚。居吴时与俞樾、顾文彬、李鸿裔等在园中鉴赏金石书画，考订文字。吴昌硕《石交集》中有《沈秉成传略》。

〔三〕至契，至友。

〔四〕参同契，同年加至友。

〔五〕送尘，轻微的礼物。这里指润笔费。

〔六〕德曜，汉梁鸿妻孟光的字，代指贤妻。

〔七〕迫促，催促。

〔八〕顺世，顺时。

〔九〕速藻，匆匆写成，不讲究辞藻。

〔一〇〕泐，原指石碑破裂处，引申为书写。

〔一一〕苏邻，即李鸿裔（1831—1885），字眉生，号香严，又号苏邻，四川中江人。咸丰元年（1851）举人，曾在曾国藩幕下参与机要。官至江苏按察使加布政使衔，曾官兵部主事。因耳疾辞官，居苏州，得瞿氏“网师园”，更名为“苏邻小筑”。藏书四万余卷，并蓄三代彝鼎、金石碑版、法书名画以自娱。著《苏邻遗诗》《益州书画录》《昭代尺牍小传续集》《瓯钵罗室书画过目考》等。

# 杨兆椿致俞粟庐书

粟廬武兄大人閣下：正月下浣由江右整歸里門，曾手書致奉之，入都已屆仲春之杪，行裝纔卸，即逐隊入闈，三場蒇事，至琉璃廠碑帖肆一廣眼界。記自客遊江右三年，於吉金石之好恨無同調，詎足儆邑耳，無見聞目無見，此次忽入寶山，迷於五色矣。新搨多而舊搨少，惟購得精本王僧志有一大束，此外如高盛高蓋之類，不過南中所罕而已。却有數種，如卞秀才志之類，似是近人贗作，不敢收於行篋也。

都中局面大變虎視者左環右伺大有朝不保暮之象
瓜分之圖豈於日起意在恫喝政府搖動民心近与本
省諸同志商定借即墨聖廟被德兵毀壞事公稟
都察院明知無益大局亦藉使洋人知人心未渙庶得
支持十年徐圖自強耳此漢奸海寰大佐反倚之如
長城世變亦難預料賈長沙復生安得不痛哭
哉吾曹末學小儒無補清時彼聚徒開會名爲
保國中實叵測觀其以民主立論其人可誅實漢

好好如巽軒人人不平罪浮於少正卯此輩必不得善終且作冷眼旁觀可也弟索居會館懶於酬應偶作干祿字書藉為消遣十餘年未習之業猶半老重插花鈿鵝盆形悄自憐自嘆不堪為知己道乍新得高麗髮箋兩張託蘇友帶上請為書一紙並託代求陸廉夫先生書一紙此紙不可多得請勿草草置之後則不妨此布敬請侍安

弟樹椿頓首

青蘅樓特書

【释文】

粟庐我兄大人阁下：正月下浣[一]，由江右[二]暂归里门，曾手书致拳拳。入都已届仲春之杪[三]，行装才卸，即逐队入闱。三场蒇事[四]，至琉璃厂[五]碑帖肆，一广眼界。记自客游江右三年，于兹金石之好，恨无同调，托足僻邑，耳无见闻，目无见识，此次忽入宝山，迷于五色。然新拓多而旧拓少。惟购得精本《王僧志》[六]为一大乐。此外如《高盛》《高庆》[七]之类，不过南中所罕而已。却有数种如《卜秀才志》之类，似是近人赝作，不欲收于行箧也。

都中局面大变，虎视者左环右伺，大有朝不保暮之象。瓜分之图，登于日报，意在恫喝政府，摇动民心。近与本省诸同志商定，借即墨圣庙被德兵毁坏事，公禀都察院。明知无益大局，亦藉使洋人知人心未涣，庶得支持十年，徐图自强耳！然汉奸[八]洊登大位，反倚之如长城，世变正难预料。贾长沙[九]复生，安得不痛哭哉！吾曹末学小儒，无补清时。彼聚徒开会，名为保国，中实叵测。观其以民主立论[一〇]，其人可诛，实汉奸之羽翼，洋人之爪牙，罪浮于少正卯[一一]！此辈必不得善终，且作冷眼旁观可也。弟索居会馆，懒于酬应，偶作干禄[一二]字书，藉为消遣。十余年未习之业，徐娘半老，重插花钿，龋齿取憎，自怜自笑，不堪为知己道矣！新得高丽发笺[一三]两张，托苏友[一四]带上，请为书一纸，并托代求陆廉夫先生书一纸。此纸不可多得，请勿率意置之。缓则不妨。此布，敬请侍安！弟杨兆椿[一五]顿首。十二日候榜时书。

【考注】

〔一〕下浣，下旬的别称。

〔二〕江右，古代称长江下游以西的地区，后称江西为江右。

〔三〕仲春之杪，清乾隆后会试定于农历三月。杪，末尾。

〔四〕三场蒇事，三场考试完毕。

〔五〕琉璃厂，在北京城南，明清两代在此设窑烧制琉璃瓦，供建宫殿之用。后为古董商聚集之地。

〔六〕《王僧志》，全名为《女尚书王僧男墓志》，北魏墓志。

〔七〕《高盛》《高庆》，皆北魏墓志。

〔八〕汉奸，指下文提倡民主的维新派。

〔九〕贾长沙，即贾谊（公元前201—公元前169），曾官长沙王太傅。

〔一〇〕民主立论，维新派主张限制君权，提倡民权。

〔一一〕少正卯，春秋时期鲁国大夫。鲁定公十四年，孔子为鲁司寇时，少正卯以“五恶”乱政之罪名被杀。

〔一二〕干禄，求官求福。

〔一三〕高丽发笺，产于朝鲜半岛（古为高丽国）的书画用纸。多粗条帘文，发墨可爱，常为贡品。

〔一四〕苏友，苏州的友人。

〔一五〕杨兆椿，华亭人，光绪丁酉科举人。光绪三十一年（1905），与杨士元等建通波初等小学堂。

# 李钟珏致俞粟庐书



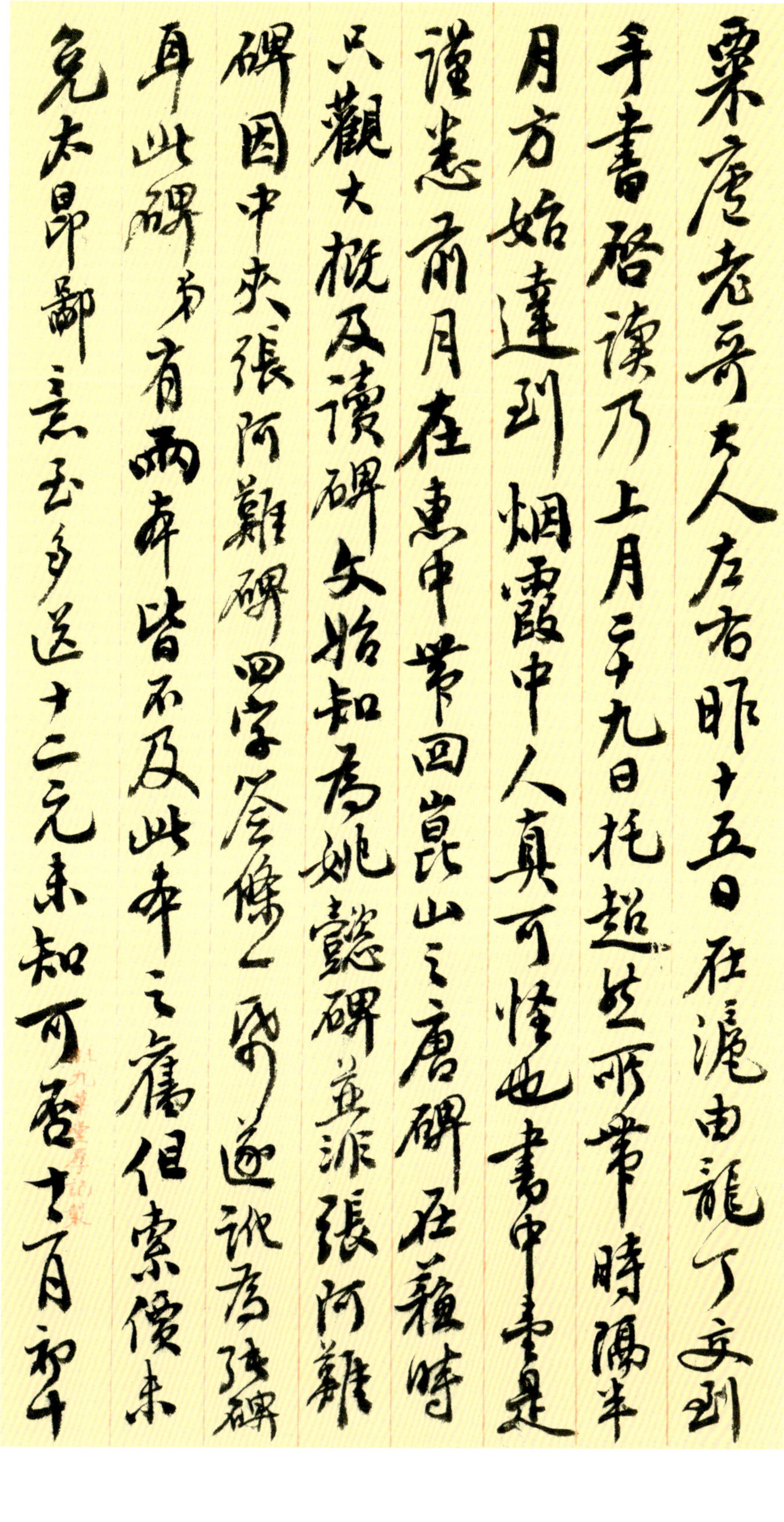
粟庵老哥大人左右：昨十五日在滬由龍丁交到
手書，啓讀乃上月二十九日托趙君所帶，時隔半
月方始遞到，烟霞中人真可怪也。書中書是
謹悉前月在東中常回崑山之唐碑在蘇時
只觀大概，及讀碑文，始知為姚懿碑，並非張阿難
碑，因中央張阿難碑四字，恐係之殘迹訛為張碑
耳。此碑弟有兩本，皆不及此本之舊，但索價未
免太昂。鄙意至多送十二元，未知可否。十月初十

日張府懸匾，弟撰并書，帶蘇以定去留。近得唐李寶臣碑一部，王士則書，絕似趙吳興。葉鞠裳評其書筆縱橫跳盪，使筆如劍之氣出其腕，力雄故媚而不失之纖，其氣樸橫故韻而不流於滑。此碑最合鄙意，現在前輩訂為三本，以便臨摹，未識老哥曾寓目否？王氏端州石室記如舊拓，筆畫不過肥，弟頗嫌之。薛曜石淙詩弟亦有之，其夏石淙御製為少，當亦舊拓。唐碑氣息雖不及漢魏六

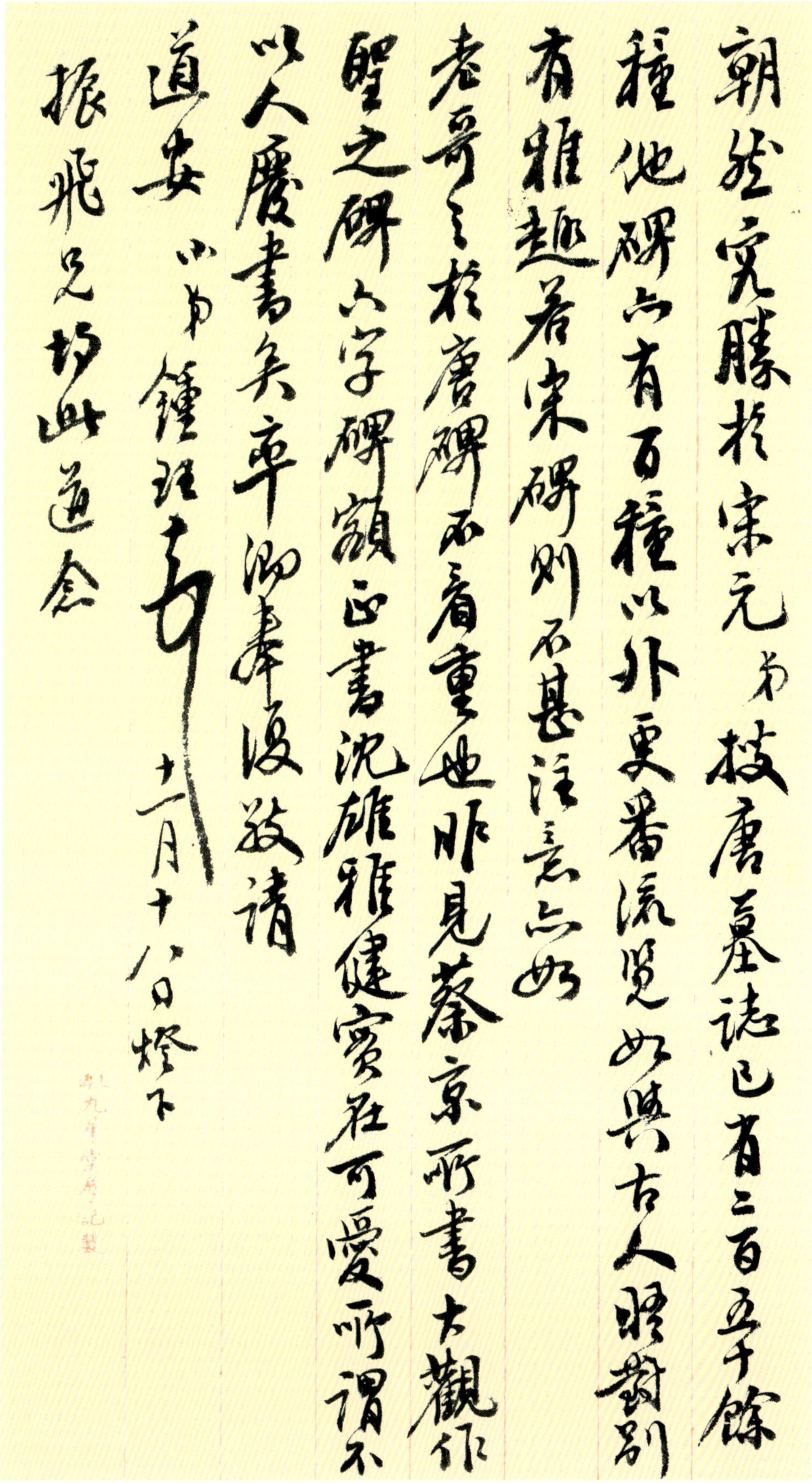

朝然究勝於宋元。弟校唐墓誌已有二百五千餘種，他碑亦有百種以外，更番流覽，如與古人晤對，别有雅趣。若宋碑則不甚注意，亦如老哥之於唐碑不看重也。非見蔡京所書《大觀聖作之碑》六字碑額，正書沈雄雅健，寬和可愛，所謂不以人廢書矣。草此奉復，敬請

道安

小弟鍾珏　十二月十八日燈下

振飛兄均此道念

【释文】

粟庐老哥大人左右：昨十五日在沪，由龙丁〔一〕交到手书，启读乃上月二十九日托超然〔二〕所带，时隔半月方始达到，烟霞中人〔三〕真可怪也。书中一是谨悉。前月在惠中带回昆山之唐碑，在苏时只观大概，及读碑文，始知为《姚懿碑》〔四〕，并非《张阿难碑》〔五〕。因中夹《张阿难碑》四字签条一纸，遂讹为张碑耳。此碑弟有二本，皆不及此本之旧，但索价未免太昂！鄙意至多送十二元，未知可否？十二月初十日，张府悬扁，弟拟莅贺，当带苏以定去留。近得唐《李宝臣碑》一纸，王士则〔六〕书，绝似赵吴兴〔七〕。叶鞠裳〔八〕评其书笔纵横跳荡，使笔如剑之气出，其魄力雄，故媚而不失之纤；其气机横，故熟而不流于滑。此碑最合鄙意，现在翦裱，订为三本，以便临模。未识老哥曾寓目否？王氏《端州石室记》如旧拓，笔画不过肥，弟愿购之。薛曜〔九〕《石淙诗》弟亦有之，其"夏石淙"泐处〔一〇〕尚少，当亦旧拓，唐碑气息虽不及汉魏六朝，然究胜于宋、元。弟搜唐墓志已有二百五十余种，他碑亦有百种以外。更番流览，如与古人晤对，别有雅趣。若宋碑，则不甚注意，亦如老哥之于唐碑不看重也。昨见蔡京〔一一〕所书"大观作圣之碑"六字，碑额正书，沉雄雅健，实在可爱，所谓不以人废书矣。率泐奉复，敬请道安！小弟钟珏〔一二〕顿首。十一月十八日灯下。

振飞〔一三〕兄均此道念！

【考注】

〔一〕龙丁，即费砚（1879—1932），字见石，号龙丁，松江人。1894年留学日本，攻数理兼美术。后师吴昌硕，参加南社。

〔二〕超然，即冯超然（1882—1954），名迥，号涤舸，原籍常州，生于松江。辛亥革命后来沪。著名画家，与吴昌硕、吴湖帆、顾鹤逸、陆廉夫等多有往来。20世纪三四十年代，海上有"三吴一冯"之称。陆俨少出其门下。

〔三〕烟霞中人，抽鸦片之人。

〔四〕《姚懿碑》，唐碑，河南出土。

〔五〕《张阿难碑》，唐碑，碑现存咸阳昭陵博物馆。

〔六〕王士则，唐代开元、天宝年间人，书法家，工八分书。

〔七〕赵吴兴，即赵孟頫（1245—1322），字子昂，号松雪道人，浙江吴兴（今湖州）人。元代著名书画家。

〔八〕叶鞠裳，即叶昌炽（1849—1917），字兰裳，又字鞠裳。江苏长洲（今苏州）人。光绪十五年进士，清亡后以遗老自居。精于版本、目录及校勘之学。其碑帖论著《语石》，博贯精通，梁启超甚为激赏。

〔九〕薛曜（？—704），字异华，山西人，官至正谏大夫。工书法，为瘦金体之祖。《石淙诗碑》（摩崖刻石）是其代表作。

〔一〇〕泐处，石碑断裂处。

〔一一〕蔡京（1047—1126），字元长，北宋宰相，书法家。

〔一二〕钟珏，即李平书（1854—1927），原名安曾，以字行。20世纪20年代改名钟珏。辛亥革命后任上海民政总长、江南制造局局长。辞职后，在静安寺东设立大观书画古董铺，与王一亭、吴昌硕、俞粟庐、陆廉夫、毛子建等一起鉴赏古董书画，往来密切。

〔一三〕振飞（1902—1993），俞粟庐子，六岁随父习曲，尽得昆曲正宗唱法真谛，20世纪30年代又拜京剧名小生程继先为师，成为一代京昆大师。

# 费砚致俞粟庐书一

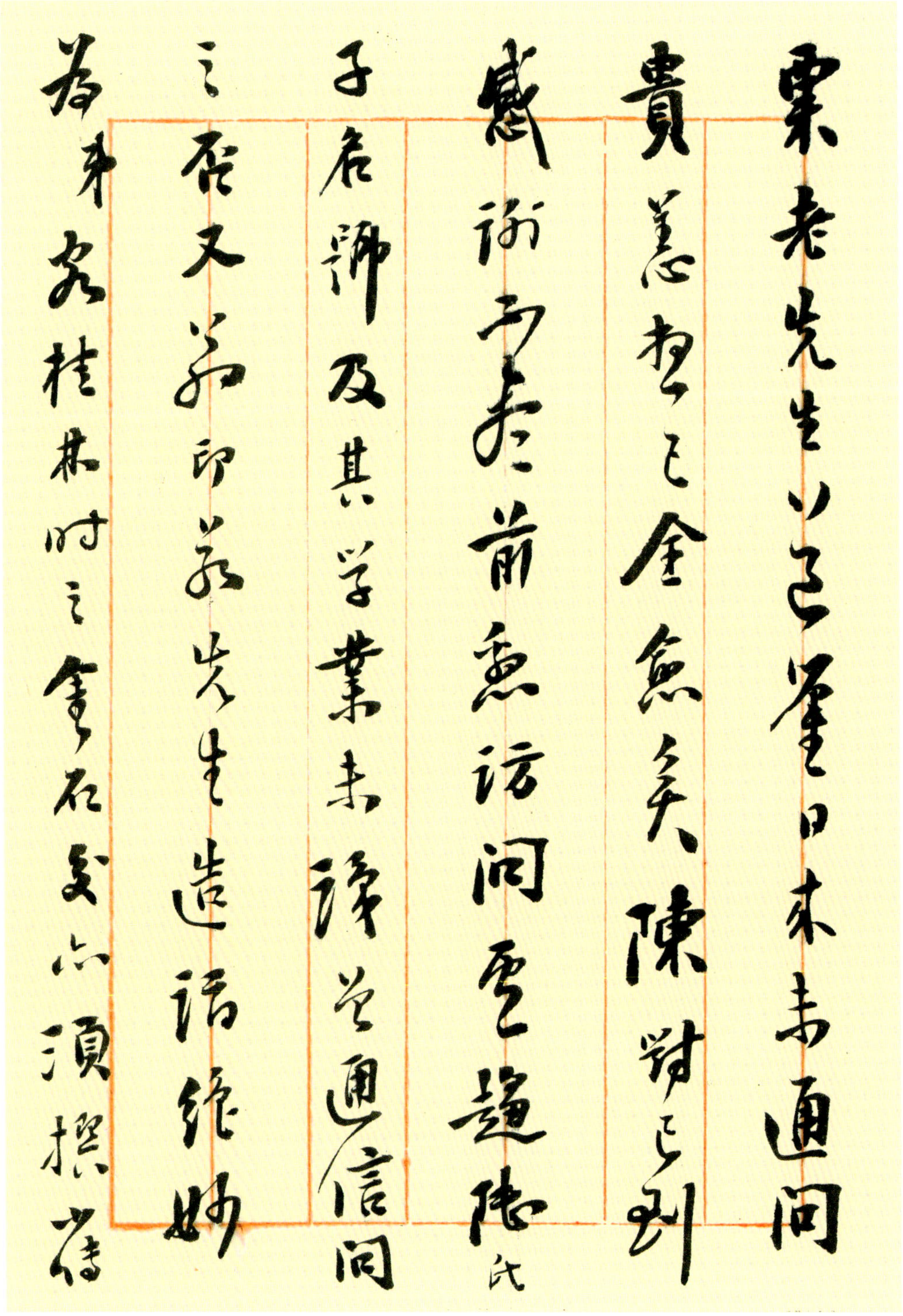
粟老先生：以事羈，日來未通問，貴恙想已全愈矣。陳對已到，感謝而去。前惠訪問，更趙陳氏子居師及其學業，未詳，並通信問之。辰天翁即蒿先生，造語絕妙。為來客桂林時之會，在茲亦須撰詩

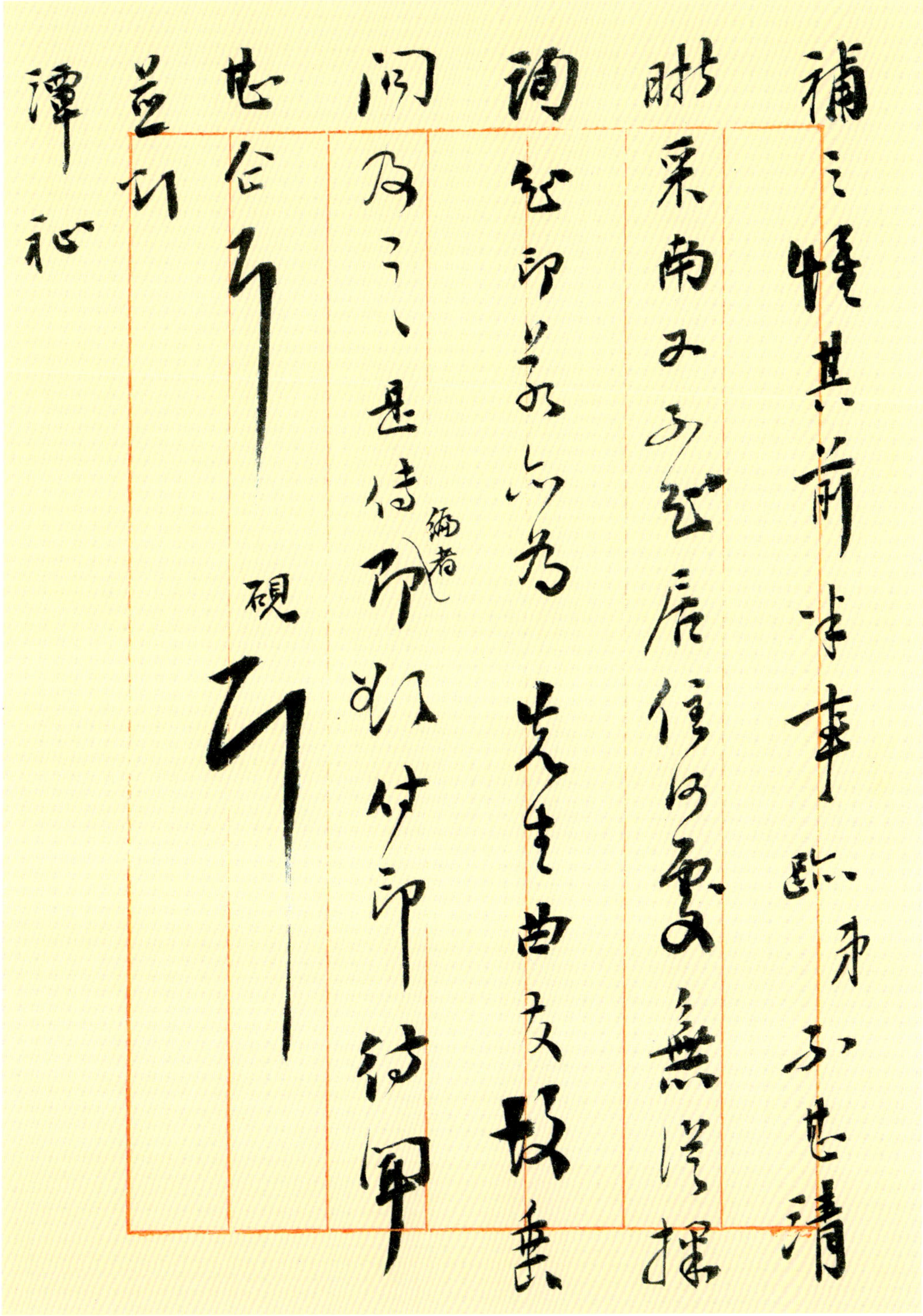
補之，惜其前半事跡亦不甚清晰。采南丈丈鈍居傳以處無從採詢，鈍印兄亦不為先生曲友，故無問及之。是待印（编者）叔付印，待聞也。合行
硯叩
並叩
譚祉

【释文】

粟老先生道鉴：日来未通问，贵恙想已全愈矣。陈对已到，感谢不尽。前恳访问卢趋〔一〕陆氏子名号及其学业，未识曾通信问之否？又翁印若〔二〕先生造诣绝妙，为弟客桂林时之金石交，亦须撰小传补之。惟其前半事迹，弟不甚清晰，采南〔三〕又不知居住何处，无从探询。知印若亦为先生曲友，故垂问及之。是传编者即欲付印，待闻甚企耳？砚〔四〕顿首，并颂潭祉〔五〕！

【考注】

〔一〕卢趋，疑为芦墟。

〔二〕翁印若，即翁绶琪，字印若，光绪十七年举人，官至桂林知府。擅诗文书画，精鉴赏，能唱昆曲。

〔三〕采南，即沈庚藻（1873—？），又字采侯，沈景修之子。沈景修卒于1899年，次年墓志铭刻成，沈子将拓片寄与其父生前好友谭献，谭在他的《复堂日记》中载："光绪二十六年十二月二十二日，沈采侯书来，寄刻成乃父墓志铭。"

〔四〕砚，即费砚，号龙丁。

〔五〕潭祉，深深的祝福。

# 顾薰致俞粟庐书

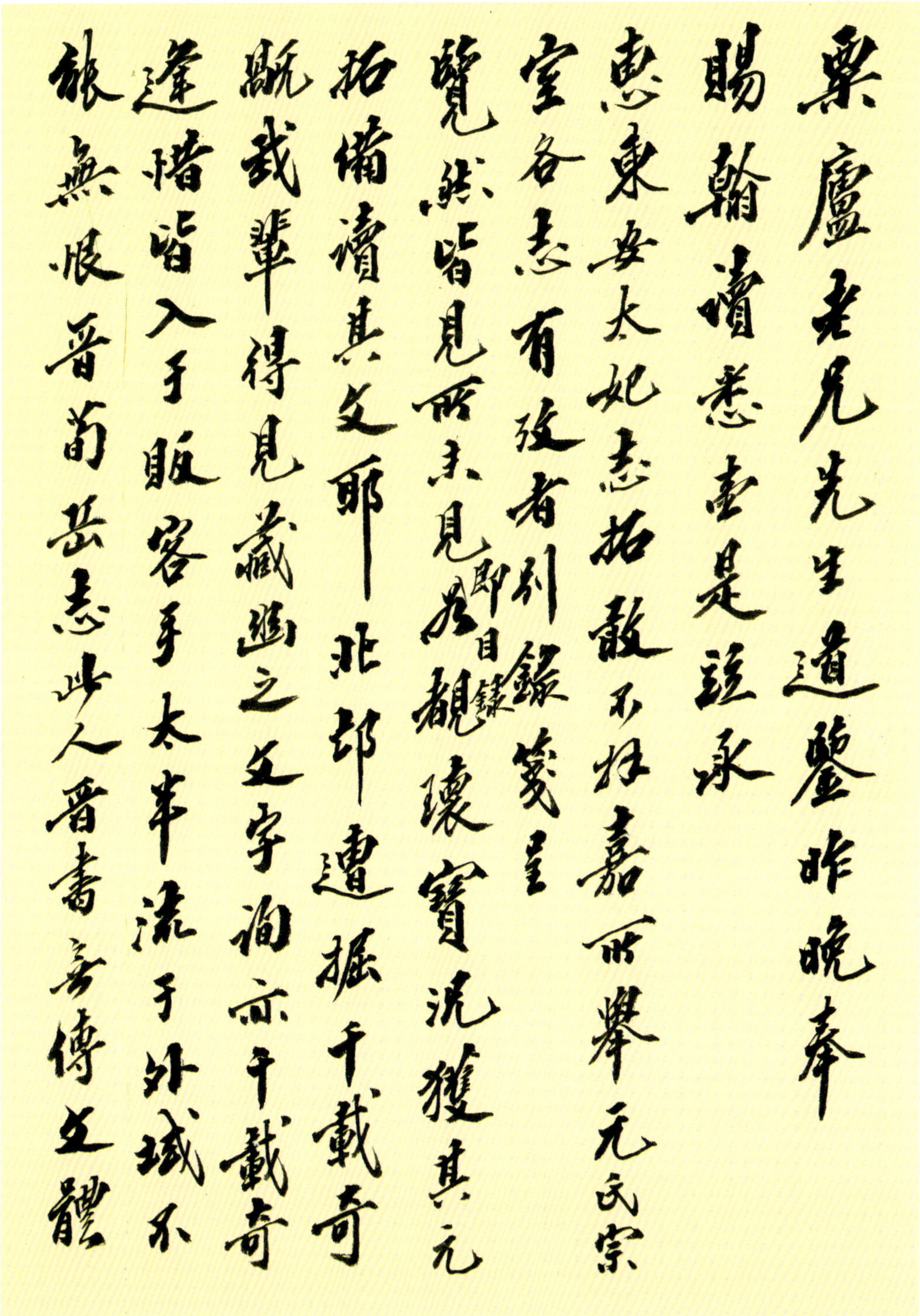
粟廬老兄先生道鑒：昨晚奉
賜翰，讀悉壹是。兹承
惠柬安太妃志拓數本，拜嘉。所舉元氏宗
室各志有跋者，別錄箋呈
覽。然皆見所未見即目錄者。觀瓌寶，況獲其元
拓，備讀其文耶！非邱遭振千載奇
既我輩得見藏幽之文字，洵亦千載奇
遘。惜皆入手販客手，太半流于外域，不
能無恨。晉荀岳志，此人晉書無傳，文體

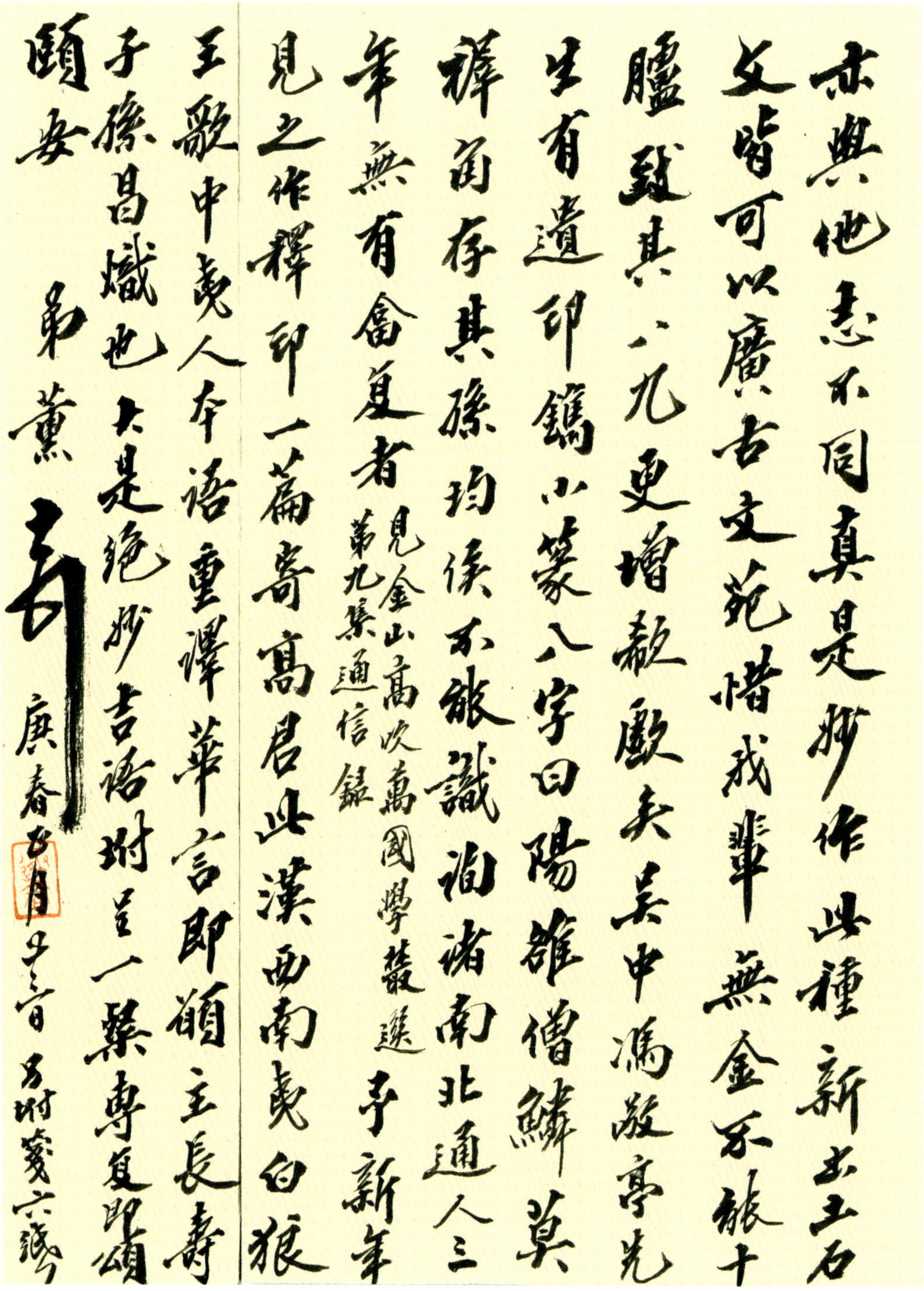
亦與他志不同，真是妙作。此種新出土石文皆可以廣古文苑，惜我輩無金，不能十臚致其八九，更增欷歔矣。吳中馮敬亭先生有遺印，鐫小篆八字，曰「陽雒僧鱗莫穉角存」，其孫均侯不能識，洎諸南北通人，三年無有答復者（見金山高吹萬國學叢選第九集通信錄）。予新年見之，作釋印一篇，寄高君。此漢西南夷白狼王歌中夷人本語，重譯華言即頌主長壽子孫昌熾也，大是絕妙吉語，附呈一紙，專復，即頌

頤安。

弟薰頓首

庚春正月十三日

另附箋六張

荀岳　　甲戌

晋書無傳據岳頴川頴陰人荀氏自漢入龍以來代有聞人漢季荀彧頴陰人傳至曾孫勖入晋爲中書監勖最著勖又傳至曾孫崧崧晋書有傳而無岳之名疑岳是崧昆季行史失載當考

寇臻

北史寇讚傳列卷二十七

魏書卷四十二附寇讚傳臻讚子字仙勝寇氏自漢寇恂以來皆上谷人讚因難徙馮翊萬年入魏自寇修之傳讚及謙之讚傳臻臻傳治治傳蚏之凡五世可考

元壽

城陽（康）王元壽，壽子寶，寶子徽，字顯祖，皆襲爵。史編作顯順，來書作顯魏，均誤。惟元壽，魏書亦作長壽，雙名知誤在魏收，不在李延作。但周書別（卷三十八）有元壽附元偉傳後，昭成後，壽鄯州刺史，安樂縣公。隋書別有元壽，字長壽，河南洛陽人，周武成初封隆城縣侯，改封儀隆縣侯，入隋，仕至光祿大夫、左翊衛將軍，謚曰景。見隋書卷六十三、北史卷七十五，知元壽有三。

乙盦

元延明

延明 安豐王元猛子襲爵附猛傳見

魏書卷二十文成五王元長樂傳以猛附安

樂王元長樂傳耳 北史長樂以下卷十

九但標文成五王目不著

丙箋

元羽

羽封廣陵王字叔翻 附趙郡王元幹傳

條獻文六王 見魏書卷二十一上咸陽王元

禧傳後

元祐

丁箋

齊郡王祐元簡子字伯授襲爵亦文
成五王之一見魏書卷二十

元珍

魏書卷十四神元平文諸帝子孫神元
皇帝曾孫上谷公元珍在其列
北史卷十五標魏諸宗室

元欽

欽元衍弟字思若色黑號黑面僕射
官至司空封鉅平縣公於河陰遇害欽
子子孝字季業見魏書卷十九上景穆十二王列陽平王元新城傳
令志云庚從生欽爵史稱似

公當據後之官書實錄亦未可料當攷
魏書卷二十一獻文六王傳別有元欽始
平王元子正子襲爵武定中官散騎侍
郎齊受禪爵例降

## 元熙、

熙中山王元英子字真興延昌時襲王官
至相州刺史為元乂所害 見魏書卷十九上
景穆十二王附南陽王元楨傳 北史卷十八景穆十二王下
魏書卷十六道武七王附元紹傳別有元熙、
封陽平王太宗時詔督十二軍校 北史卷十六道武七王

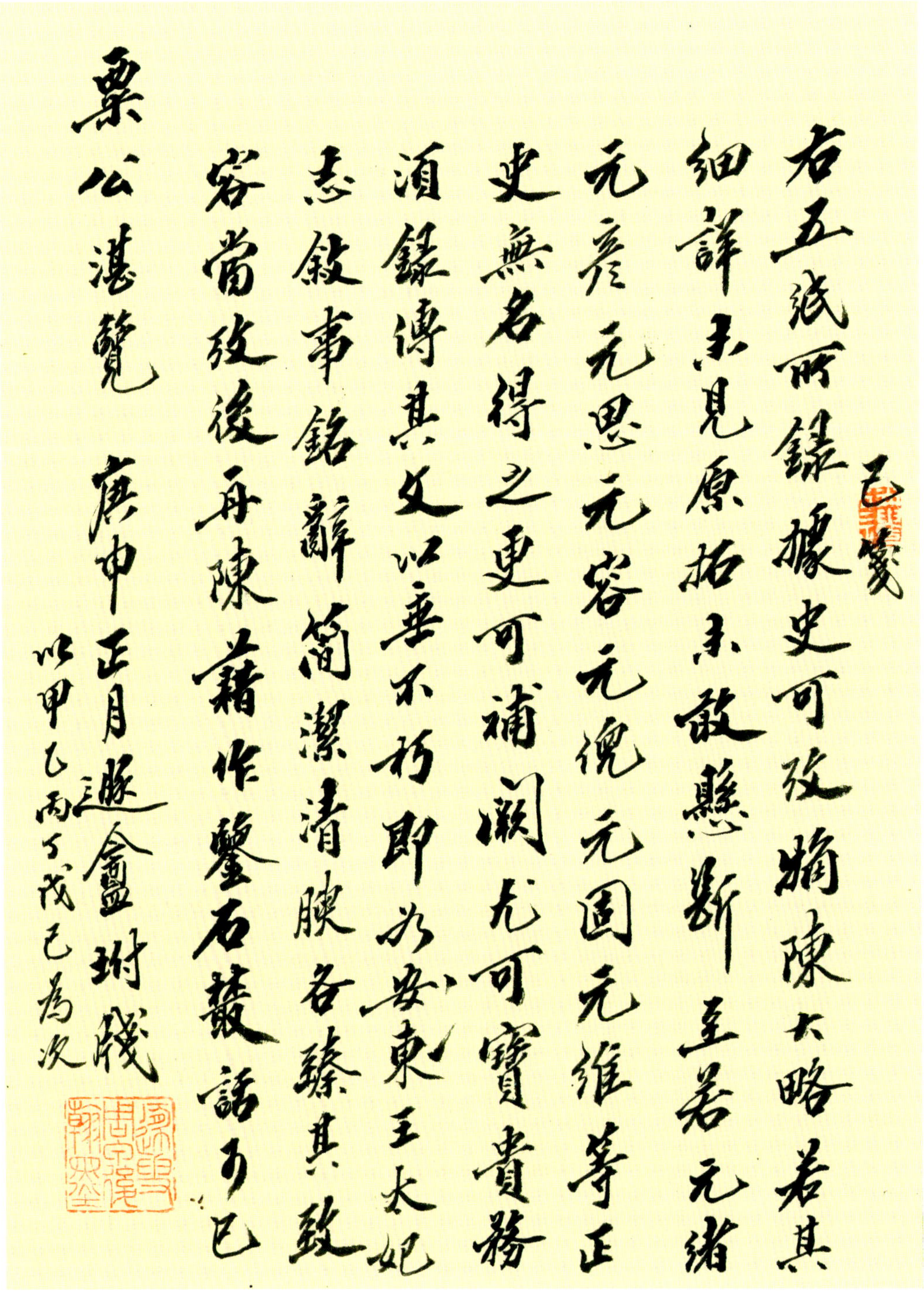

已簽

右五紙所錄，據史可攷，摘陳大略。若其細詳，未見原拓，未敢懸斷。至若元緒、元彥、元思、元容、元倪、元固、元維等，正史無名，得之更可補闕，尤可寶貴。務須錄傳其文，以垂不朽。即如安東王太妃志，敘事銘辭簡潔清腴，各臻其致。容當攷後再陳。藉作鑒石話助。已

粟公湛覽

庚申正月 遯盦珊牋

以甲乙丙丁戊己為次

**【释文】**

粟庐老兄先生道鉴：昨晚奉赐翰，读悉一是，并承惠《东安太妃志》[一]拓，敢不拜嘉！所举元氏宗室各志，有考者别录笺呈览，然皆见所未见。即目录如睹瑰宝，况获其元拓，备读其文耶！北邙[二]遭掘，千载奇祸！我辈得见藏幽之文字，洵亦千载奇逢！惜皆入于贩客手，太半流于外域，不能无恨。《晋荀岳志》[三]，此人晋书无传，文体亦与他志不同，真是妙作。此种新出土石文，皆可以广古文苑。惜我辈无金，不能十胪致其八九，更增欷歔矣！吴中冯敬亭[四]先生有遗印，镌小篆八字，曰："阳洛僧鳞莫稚角存"，其孙均侯，不能识，询诸南北通人，三年无有答复者。见金山高吹万[五]《国学丛选》第九集通信录。予新年见之，作释印一篇，寄高君，此汉西南夷《白狼王歌》中夷人本语，重译华言，即"愿主长寿，子孙昌炽"也。大是绝妙吉语，附呈一粲。专复，即颂颐安！ 弟薰[六]顿首。庚春[七]正月廿三日。

另附笺六纸：

甲笺：

荀岳

《晋书》无传。据，岳，颍川颍阴人。荀氏自汉八龙以来，代有闻人。汉季荀彧，颍阴人。传至曾孙勗，入晋，为中书监最著。勗又传至曾孙崧，崧《晋书》有传，而无岳之名，疑岳是崧昆季行，史失载，当考。

寇臻

《北史·寇赞传》列卷二十七，《魏书》卷四十二附《寇赞传》。臻，赞子，字仙胜。寇氏自汉寇恂以来，皆上谷人，赞因难徙冯翊，万年入魏。自寇修之传赞及谦之，赞传臻，臻传治，治传朏之，凡五世可考。

乙笺：

元寿

城阳康王元寿，寿子鸾，鸾子徽，字显祖，皆袭爵。史编作显顺，来书作显魏，均误。惟元寿《魏书》亦作长寿，双名，知误在魏收，不在李延祚，但《周书》卷三十八别有元寿附《元伟传》，系昭成后寿鄯州刺史、安乐县公。《隋书》别有元寿，字长寿，河南洛阳人，周武成初封隆城县侯，改封仪隆县侯。入隋，仕至光禄大夫兼左翊卫将军。谥曰景。见《隋书》卷六十三、《北史》卷七十五，知元寿有三。

丙笺：

元延明

延明，安丰王元猛子，袭爵，附猛传，见《魏书》卷二十。文成五王《元长乐传》以猛附安乐王《元长乐传》耳。《北史》长乐以下，卷十九但标文成五王，目不著。

元羽

羽封广陵王，字叔翻，附赵郡王《元幹传》，系献文六王。见《魏书》卷二十一上咸阳王元禧传后。

丁笺：

元祐

齐郡王祐，元简子，字伯援，袭爵，亦文成五王之一，见《魏书》卷二十。

元珍

《魏书》卷十四“神元、平文诸帝子孙”。神元皇帝曾孙，上谷公元珍在其列。《北史》卷十五标魏诸宗室。

元钦

钦，元衍弟，字思若，色黑，号黑面仆射。官至司空，封巨平县公，于河阴遇害。钦子子孝，字季业，见《魏书》卷十九上，《景穆十二王》附《阳平王元新城传》。今志云侯，似从生爵，史称公。当据后之官书实录，亦未可料。当考《魏书》卷二十一《献文六王传》。别有元钦，始平王元子正子，袭爵。武定中，官散骑侍郎，齐受禅，爵例降。

戊笺：

元熙

熙，中山王元英子，字真兴。延昌时袭王，官至相州刺史，为元乂所害。见《魏书》卷十九上《景穆十二王》附《南阳王元祯传》、《北史》卷十八《景穆十二王》下。《魏书》卷十六《道武七王》附《元绍传》。

别有元熙，封阳平王，太宗时诏督十二军校。《北史》卷十六《道武七王》。

己笺：

右五纸所录，据史可考。粗陈大略，若其细详，未见原拓，未敢悬断。至若元绪、元彦、元思、元容、元倪、元固、元维等，正史无名，得之更可补阙，尤可宝贵。务须录传其文，以垂不朽。即如《东安王太妃志》叙事铭辞，简洁清腴，各臻其致。容当考后再陈，藉作鉴石丛话可已。粟公湛览。庚申正月，遯盦〔八〕附笺，以甲乙丙丁戊己为次。

**【考注】**

〔一〕《东安太妃志》，全名《东安王太妃陆顺华墓志》，北魏墓志。

〔二〕北邙，山名，在今河南洛阳东北。汉魏以来，王侯公卿多葬于此。后泛称墓地。

〔三〕《晋荀岳志》，亦称《晋故中书侍郎荀岳墓志》。

〔四〕冯敬亭，即冯桂芬（1809—1874），江苏吴县人。晚清思想家，著有《校邠庐抗议》。

〔五〕高吹万，名燮（1878—1958），字时若，号寒隐、葩叟等，金山人。南社诗人。与常州钱名山、昆山胡石亭合称“江南三名士”。光绪三十二年（1906）与柳亚子等创办《复报》月刊，编辑《国学丛选》。

〔六〕薰，即顾薰，字乃琴，上海松江人。清谜家，日河隐社成员。

〔七〕庚春，疑庚申之误。按前文提到“高吹万《国学丛选》第九集”推算，当为庚申年，即公元1920年。其附录最后落款“庚申正月”可证。

〔八〕遯盦，顾薰之号。信尾有印章：“遯叟周甲后翰墨”，可见此信写于六十岁以后，知顾薰生于1860年之前。

# 费砚致俞粟庐书二

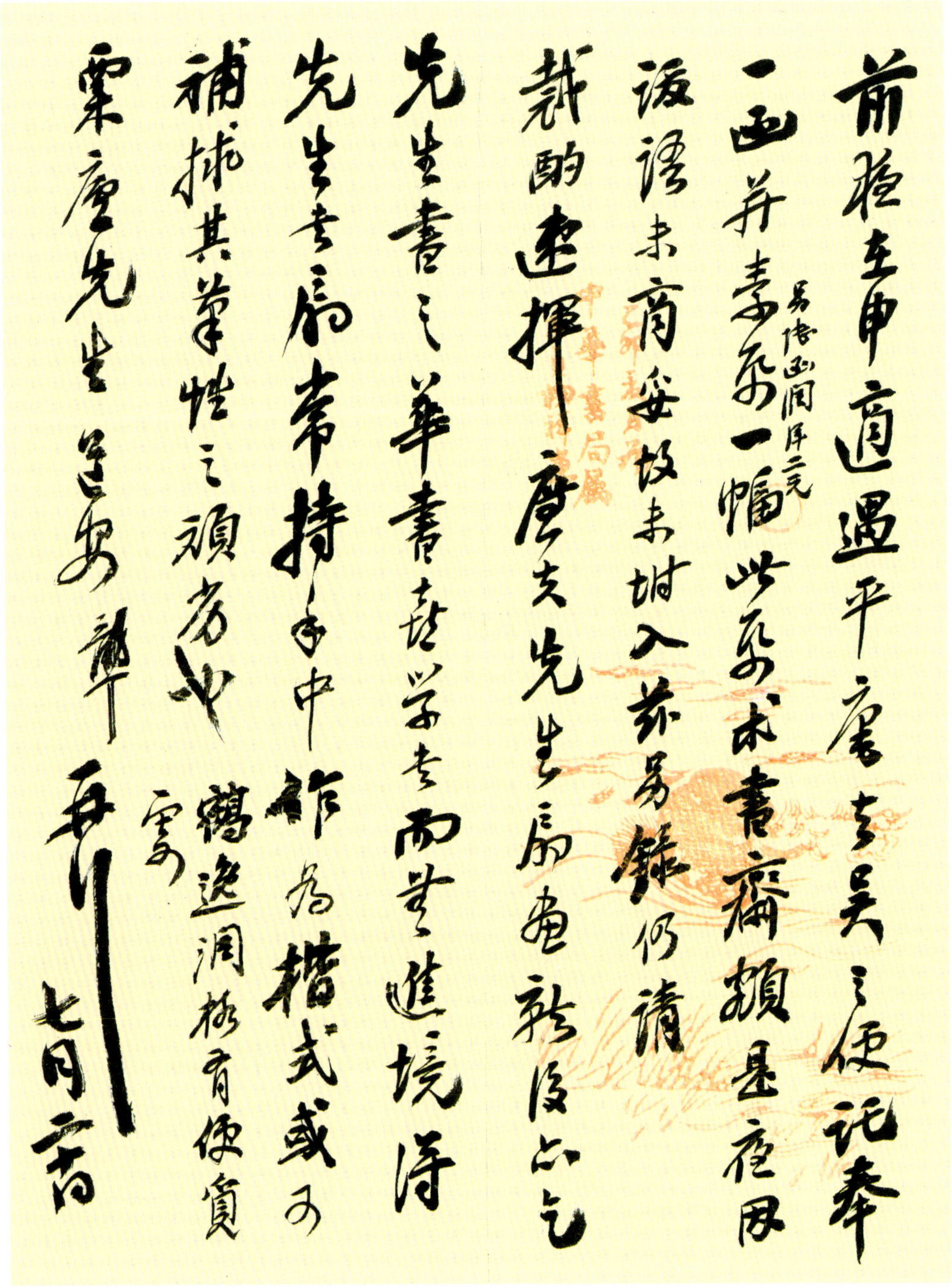

【释文】

前夜在申，适遇平庵[一]去吴之便，托奉一函并素纸一幅另陆函[二]润洋二元。，此纸求书斋额，是夜因谖[三]，语未商妥，故未附入，兹另录，仍请裁酌速挥。廉夫先生扇画就后，亦乞先生书之。华书[四]喜学书，而无进境。得先生书扇，常持手中，作为楷式，或可补救其笔性之顽劣也。鹤逸[五]润格，有便觅寄。粟庐先生道安！龙丁[六]再拜。七月二十日。

【考注】

〔一〕平庵，费砚友人字，不详。

〔二〕陆函，从陆路函寄。

〔三〕谖，忘记。

〔四〕华书，费砚子。

〔五〕鹤逸，即顾麟士（1865—1950），清末民初苏州著名画家、收藏家。怡园主人。

〔六〕龙丁，即费砚。

# 陆恢致俞粟庐书一

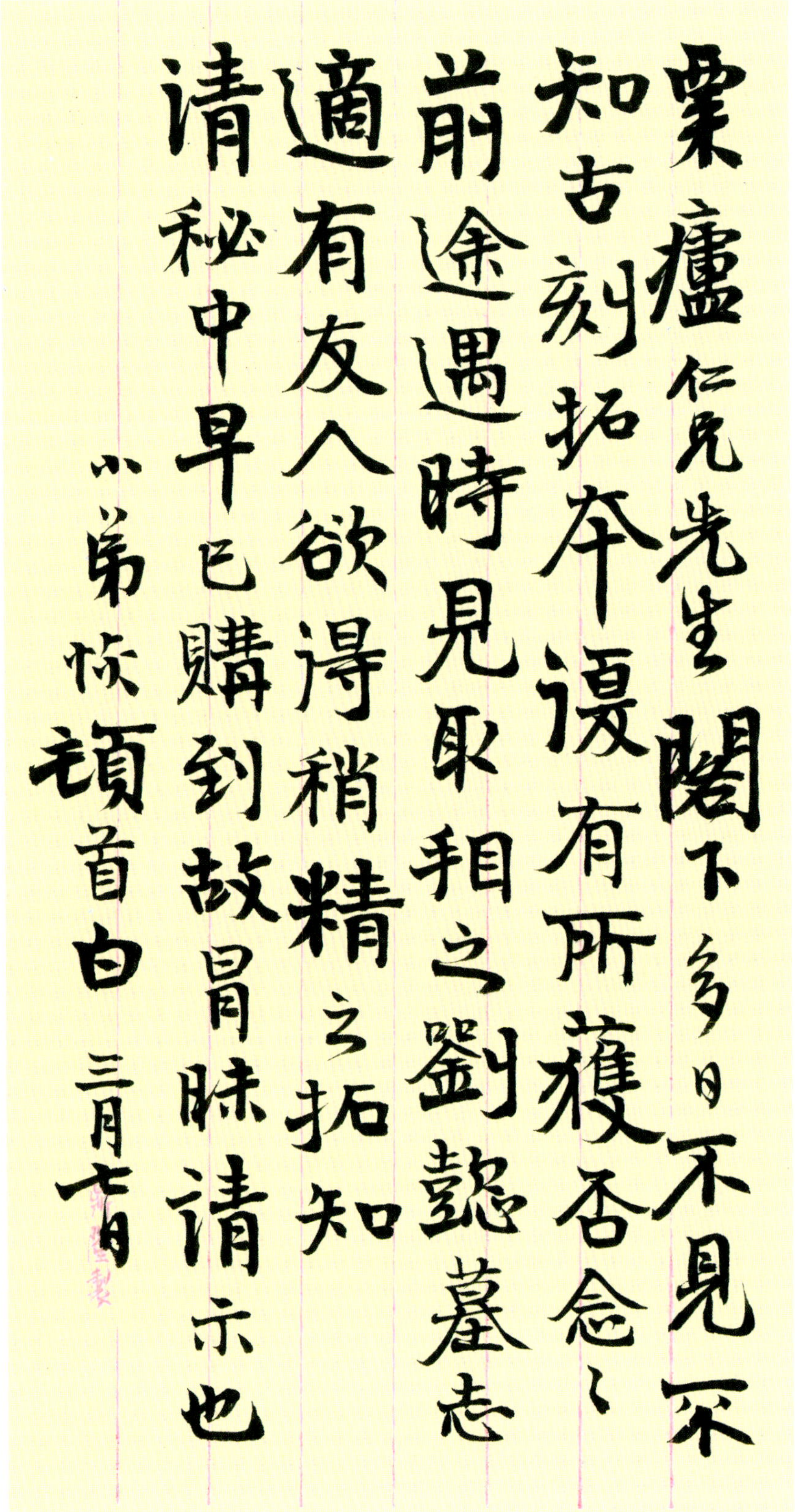
粟廬仁兄先生閣下：多日不見，不知古刻拓本復有所獲否，念念。前途遇時見取相之劉懿墓志，適有友人欲得稍精之拓，知清秘中早已購到，故冒昧請示也。小弟恢頓首白 三月七日

【释文】

粟庐仁兄先生阁下：多日不见，不知古刻拓本复有所获否？念念！前途遇时，见取看之。《刘懿墓志》〔一〕，适有友人欲得稍精之拓，知清秘中早已购到，故冒昧请示也。小弟恢〔二〕顿首白。三月七日。

【考注】

〔一〕《刘懿墓志》，清代出土的东魏墓志。

〔二〕恢，即陆恢（1851—1920），字廉夫，清末民初著名画家。幼习童子业，秀才入学考试为第一。有人举报其父曾参加过太平军，遂永绝功名之路，从刘德习画。后遇吴大澂，观其收藏，艺事大进。旋客吴幕，得游三湘、辽东名胜古迹。山水学四王，为吴湖帆的启蒙老师。书工汉隶，光绪年间与俞粟庐同学北碑。黄宾虹评画中九友，以陆廉夫得名最早。

# 陆恢致俞粟庐书二

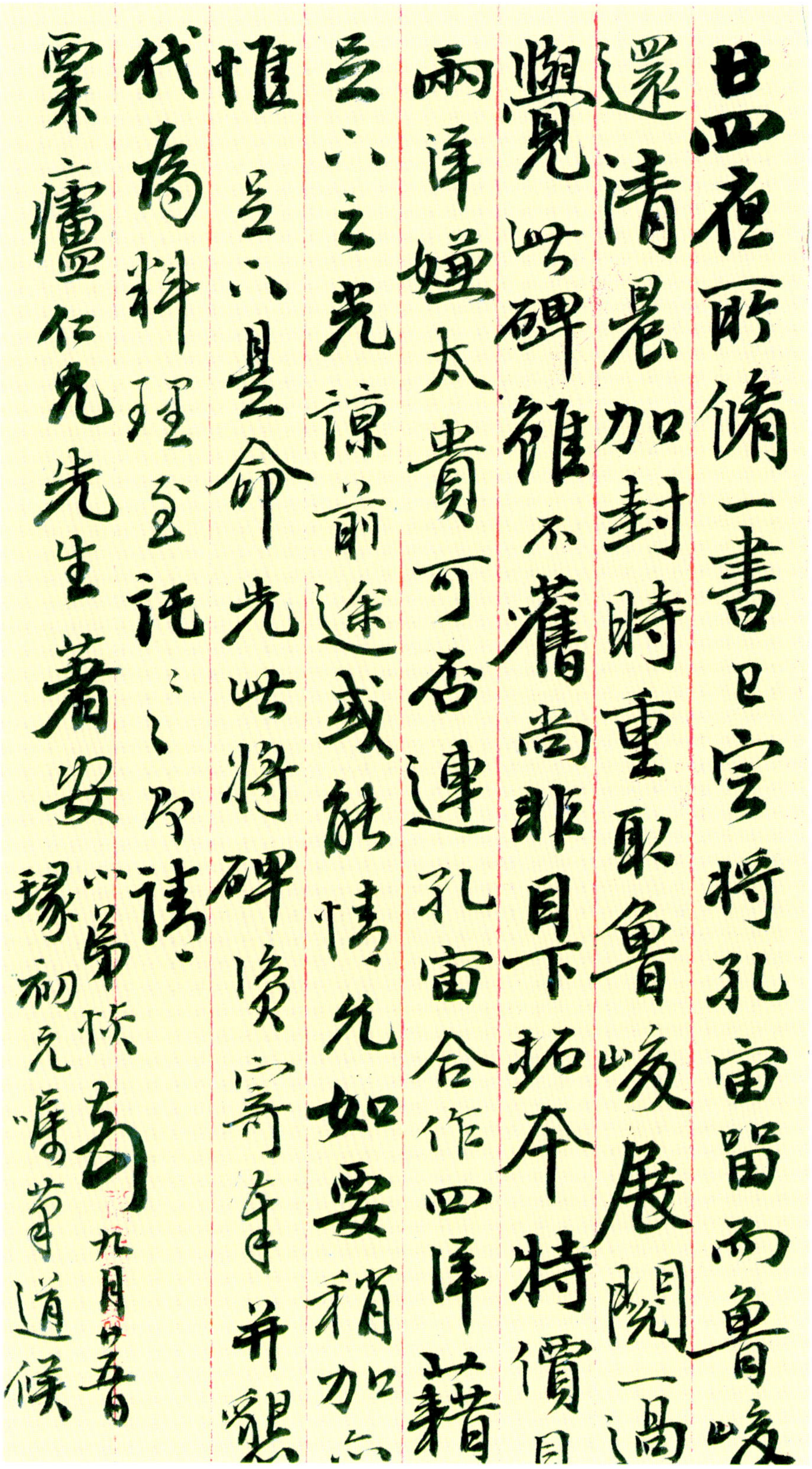
昨夜所備一書已定將孔宙留而魯峻
還清晨加封時重取魯峻展閱一過
覺見此碑雖不舊尚非目下拓本特價目
兩洋嫌太貴可否連孔宙合作四洋藉
足下之光諒前途或能情允如要稍加亦
惟足下是命先此將碑資寄奉并懇
代為料理至託至託請
粟廬仁兄先生著安
小弟恢頓首 九月廿五日
琢初兄囑筆道候

【释文】

廿四夜所修一书，已定将《孔宙》[一]留而《鲁峻》[二]还。清晨加封时，重取《鲁峻》展阅一过，觉此碑虽不旧，尚非目下拓本。特价目两洋嫌太贵，可否连《孔宙》合作四洋？藉足下之光，谅前途或能情允，如要稍加，亦惟足下是命。先此将碑资寄奉，并恳代为料理。至托，至托！即请粟庐仁兄先生著安！小弟恢顿首。九月廿五日。

琢初[三]兄嘱笔道候。

【考注】

〔一〕《孔宙》，即《孔宙碑》，全称《有汉泰山都尉孔君之碑》，刻于东汉延熹七年。

〔二〕《鲁峻》，即《鲁峻碑》，全称《汉故司隶校尉忠惠父鲁君碑》，刻于东汉熹平二年。

〔三〕琢初，即钱庚（1839—1889），浙江吴兴人，工篆刻。

# 陆恢致俞粟庐书三

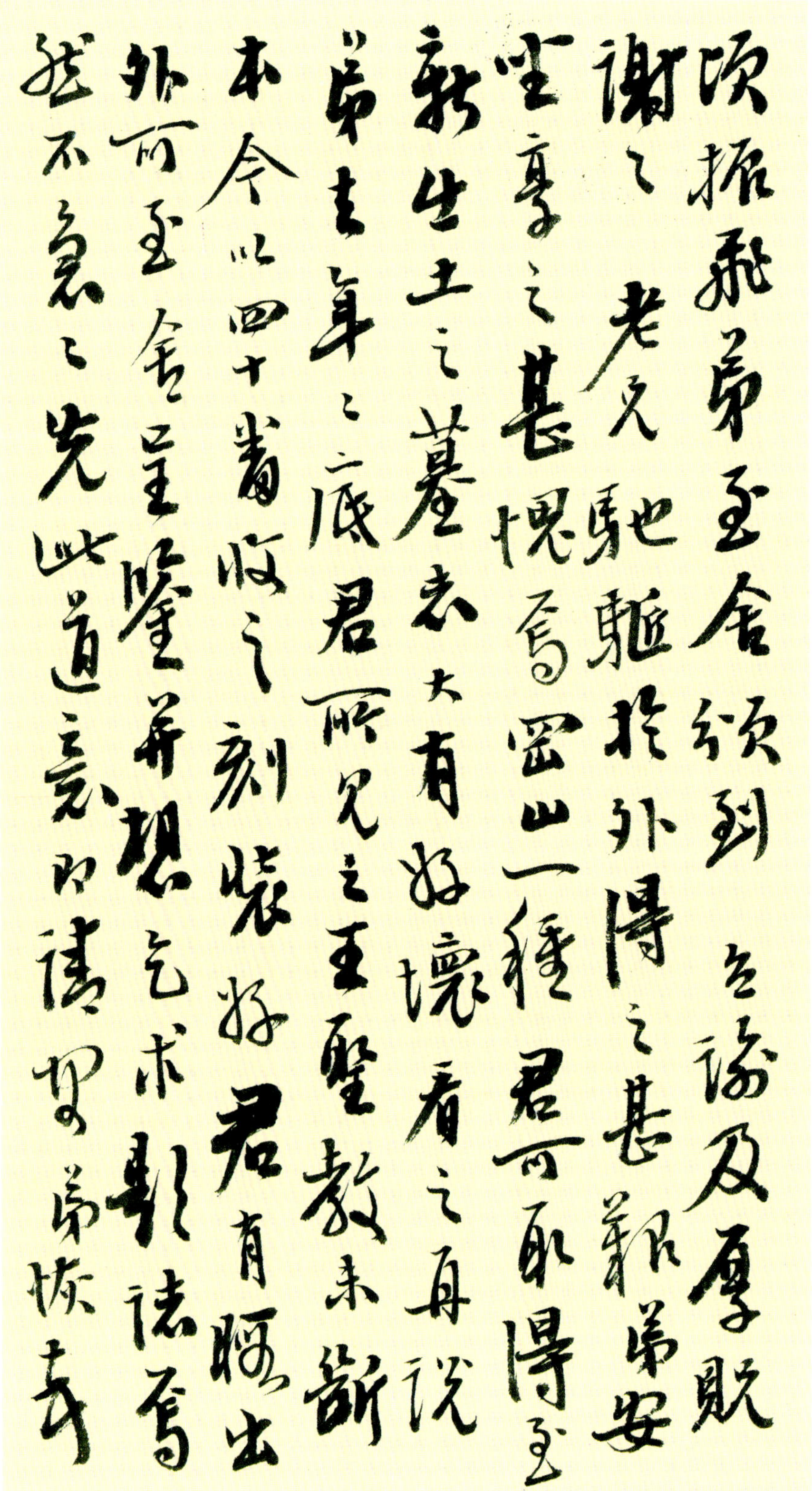
頃振飛弟至舍，欲到　台端，及厚貺，謝謝。老兄馳軀於外，得之甚艱，弟安坐享之，甚愧焉。留此一種，君可取得。至新生土之墓志，大有好壞，看之再說。弟去年之底，君所見之王聖教未斷本，今以四十番收之，刻裝好，君有暇出外，可至舍呈鑒，并想乞求題詩，為然不急急。先此道意，即請撰安。弟恢上

【释文】

顷振飞[一]弟至舍，颁到台谕及厚贶[二]，谢谢 。老兄驰驱于外，得之甚艰，弟安坐享之，甚愧焉。《冈山》[三]一种君可取得，至新出土之墓志大有好坏，看之再说。弟去年年底，君所见之《王圣教未断本》[四]，今以四十番[五]收之，刻装好。君有暇出外，可至舍呈鉴，并想乞求题志焉？然不急急，先此道意。即请安！弟恢顿首。

【考注】

〔一〕振飞，即俞振飞，俞粟庐子。

〔二〕厚贶，厚赠。俞振飞曾拜陆廉夫为师学画三年。此指俞振飞的学费。

〔三〕《冈山》，即《冈山刻经》，北魏摩崖石刻，分布在山之北麓三十多块巨石上。

〔四〕《王圣教未断本》，《怀仁集王羲之书圣教序》的一种版本，金石学家据此来分北宋拓与南宋拓。

〔五〕番，旧时银元一枚称一番。

# 冯超然致俞粟庐书一

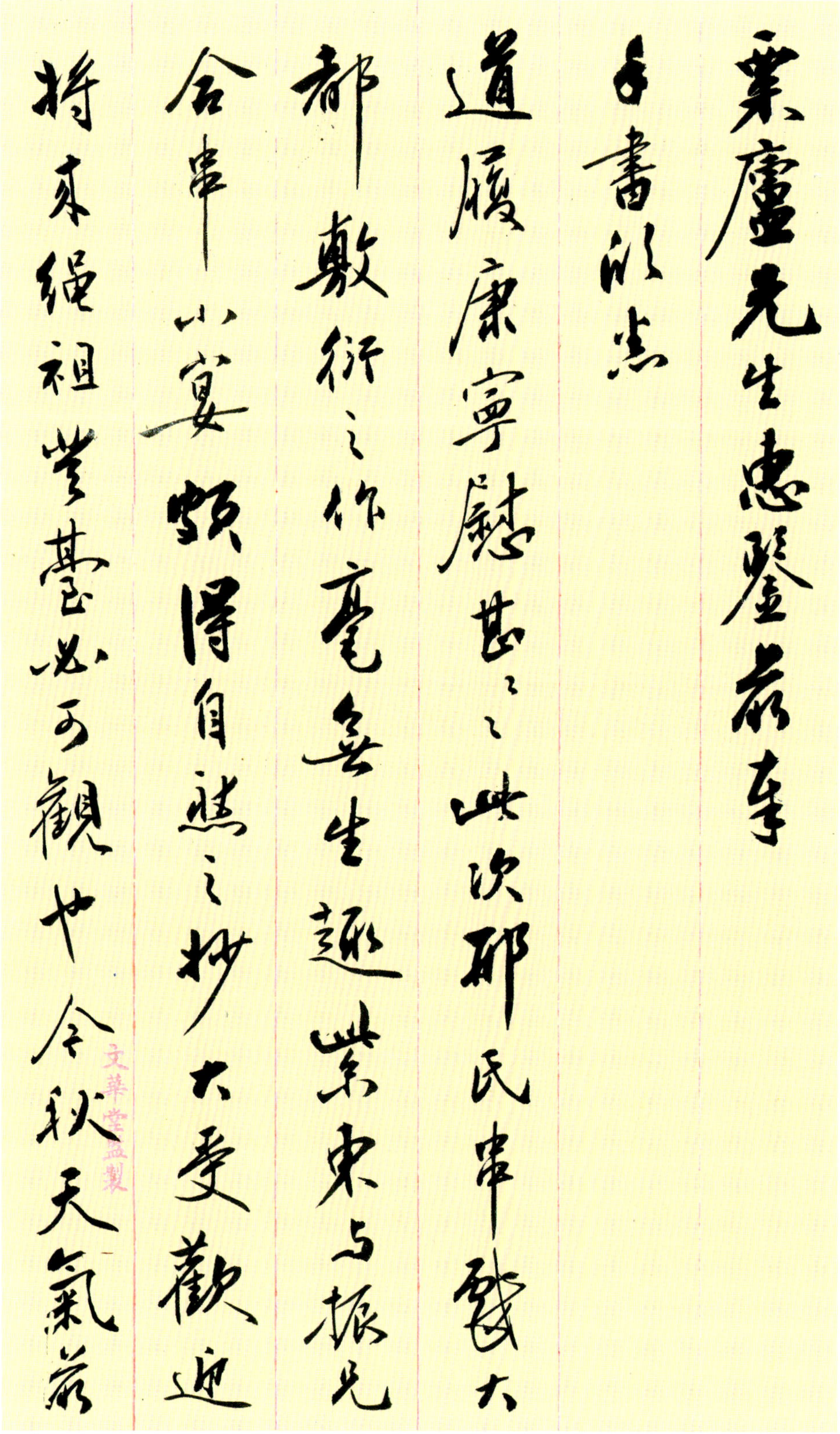

栗廬先生惠鑒：前奉
手書祇悉
道履康寧，慰甚慰甚。此次耶氏串戲大
都敷衍之作，毫無生趣，紫東與振飛
合串小宴，頗得自然之妙，大受歡迎，
將來繩祖業其必可觀也。今秋天氣前

幾日忽轉大冷晚間偶感風邪連發寒
熱臥床數日幸平时飲食注意尚無積
滯不致大病也西塘范穆文自戒煙之
後氣血大虧於八月初間驟起寒熱不
數日病勢轉劇於十二日竟歸道山矣未
亦家運使然自民國四五年 超於歲

僅五六載，疊遭變故，家產蕩然，造物弄人，不可思議耳。振兄親事，橫生阻力，延明春再作計議，何如？舍妹于歸胡氏，擇於十月十九日吉婚，新郎之老父忽於前月下旬病故，事出意外，頗覺掣肘。喜期計算，尚在百日之內，似可無須更

改刻由摸人閣說妥當矣枝枝節節殊屬

可厭耳前次振之携歸畫價洋六十

元諒早收到日前振之又交到從墨

耕畫屏四條紙色黑黯而且退日昨為印翁（為肯項方兩件）

携去今晚經見印翁據云墨耕四條及

項畫與前次交來之絹本馬軸共三件

經人許價八十元，晚欲其再當，故未定奪。據印篆云項畫是臨本，照現市情形此三件得此數已足，恐不能再多云云。方畫係二層，一望而知；黃畫色紙之而失真面目，姑留之，容後當再設法可也。專此布臆，敬請

儷安

晚馮超然頓首

九月初五日

文華堂監製

**【释文】**

粟庐先生惠鉴：前奉手书，欣悉道履康宁，慰甚慰甚！此次邢氏[一]串戏，大都敷衍之作，毫无生趣。紫东[二]与振兄合串《小宴》[三]颇得自然之妙，大受欢迎。将来绳祖[四]登台，必可观也。今秋天气，前几日忽然大冷，晚偶感风邪，连发寒热，卧床数日。幸平时饮食注意，尚无积滞，不致大病也。西塘范姨丈自戒烟之后，气血大亏，于八月初旬，骤起寒热，不数日病势转剧，于十二日竟归道山[五]矣！是亦家运使然。自民国四、五年起，于兹仅五六载，突遭变故，家产荡然，造物弄人，不可思议耳。振兄亲事[六]，横生阻力，至明春再作计议，何如？舍妹于归胡氏，择于十月十九日吉婚。新郎之老父，忽于前月下旬病故。事出意外，颇觉掣肘。喜期计算，尚在百日之内，似可无须更改，刻由媒人关说妥当矣。枝枝节节，殊属可厌耳。前次振兄携归画价洋六十五元，谅早收到。日前，振兄又交到倪墨耕[七]画屏四条，纸色黑而且乏，尚有项方[八]两件，日昨为印若[九]携去，今晚晤见印若，据言墨耕四条及项画，与前次交来之绢本马轴，共三件，经人许价八十元。晚欲其百番，故未定夺。据印若言，项画尚是临本，照现市情形，此三件得此数已足，恐不能再多云云。方画系二层，一望而知。黄画纸乏，而失真面目，姑留之，容后当再设法可也。专此布臆，敬请俪安！晚冯超然顿首。九月初五日。

**【考注】**

〔一〕邢氏，曲友，疑为昆剧传习所武师邢福海。

〔二〕紫东，即张紫东（1881—1951），名钟来，紫东为其字。苏州望族张履谦长孙。师从俞粟庐习曲，工老生，主持苏州道和曲社。苏州昆剧传习所发起人之一。

〔三〕《小宴》，昆剧《长生殿》中一折。

〔四〕绳祖，即谢绳祖（1891—1970），名兆基，浙江南浔（今湖州）

人。留学英国，归国后任英国慎昌洋行华人经理。嗜好昆曲，由俞粟庐亲授，其咬字、吐气、运腔得俞真传。穆藕初于1922年成立宗俞粟庐唱法的“粟社”，谢为副社长。

〔五〕道山，即仙山。旧时把人死称为归道山。

〔六〕振兄亲事，指冯超然介绍表妹范品珍给俞振飞为妻事。俞振飞与范结婚后，因无感情基础而离婚。信中言及西塘范姨丈，即为范品珍之父。

〔七〕倪墨耕（1855—1919），江苏扬州人，初名宝田，字墨耕，光绪中寓居上海，海派画家之一。

〔八〕项方，指项元汴画的斗方。项元汴（1525—1590），字子京，号墨林山人、墨林居士，明代大收藏家、画家。浙江嘉兴人。

〔九〕印若，指徐印若（1878—1934），名钧，以字行。苏州人，毕业于东吴大学，苏州昆剧传习所董事会成员。此“印若”非费砚致俞粟庐信一之翁印若。按辈分，冯超然与翁若印之子翁瑞午是同辈。

# 冯超然致俞粟庐书二

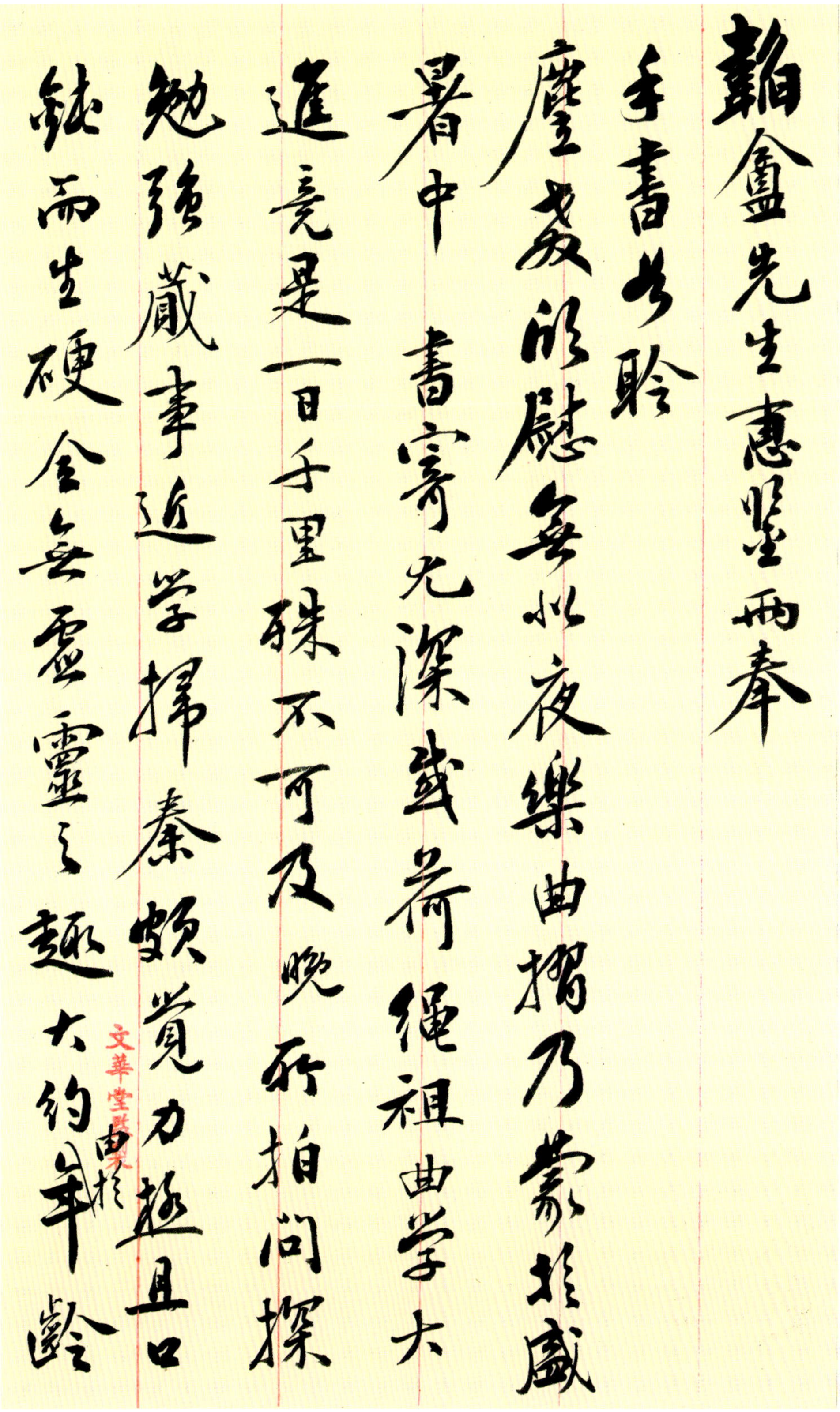
翰盦先生惠鑒兩奉
手書具聆
麈教能慰無似夜樂曲摺乃蒙於盛
暑中書寄尤深感荷繩祖曲學大
進竟是一日千里殊不可及晚所拍問探
勉強蔵事近學掃秦頗覺力趨且口
鈍而生硬全無靈之趣大約由於年齡

所致此後其能多拍多唱或可稍為圓熟
如家變戲者滬上無丑角可離因之更覺
不易進步耳　夜樂曲文不多下頭即爲
趙四擬拍佚秋凉
先生蒞滬當再請　叟廿蕭之所唱之
曲酷類墨仙之畫似是而非全然落夾二
人之病俱係自信太深墨仙猶欺自欺更

雜補敝矣。此次緬祖与遽迴杭，還詳述此以蹈戲情形，箋欵令人嘖佩，維月泉之圓通亦不能周旋，徒喚奈何而已。好得事屬游戲，只有敷衍過去一法。然而振飛大變，厥累矣，呵呵。湘眉扇已撿出，稍涼當即寄奉不誤。餘不縷縷。敬頌

著祺

晚馮超然頓首

七月初三晚

文華堂藏

**【释文】**

韬庵[一]先生惠鉴：两奉手书，如聆麈教[二]，欣慰无似！《夜乐》[三]曲折[四]，乃蒙于盛暑中书寄，尤深感荷！绳祖[五]曲学大进，竟是一日千里，殊不可及。晚所拍《问探》[六]，勉强蒇事[七]。近学《扫秦》[八]，颇觉力极，且口钝而生硬，全无虚灵之趣，大约由于年龄所致。此后若能多拍多唱，或可稍为圆熟也。最受亏者，沪上无丑角可听，因之更觉不易进步耳。《夜乐》曲文不多，下期即嘱赵四[九]按拍。俟秋凉先生莅沪，当再请教也。藕公[一〇]所唱之曲，酷类墨仙[一一]之画，似是而非，全然落夹。二人之病，俱系自信太深，墨仙犹欲自欺，更难补救矣！此次绳祖与篴渔[一二]杭还，详述此公踏戏[一三]情形，几欲令人喷饭。虽月泉[一四]之圆通，亦不能周旋，徒唤奈何而已！好得事属游戏，只有敷衍过去一法。然而振飞大受厥累矣。呵呵！湘眉扇[一五]已检出，稍凉当即寄奉不误。余不缕缕，敬颂箸祺！晚冯超然顿首。七月初三晚。

**【考注】**

〔一〕韬庵，俞粟庐号。

〔二〕麈教，古人常执麈尾而谈，故敬称他人之指点为麈教。

〔三〕《夜乐》，昆剧《铁冠图》中一折。

〔四〕曲折，抄录昆曲折子戏的折子。

〔五〕绳祖，见冯超然致俞粟庐书一注〔四〕。

〔六〕《问探》，昆剧《连环记》中一折。

〔七〕蒇事，完事。

〔八〕《扫秦》，昆剧《东窗事犯》中一折。

〔九〕赵四，原名赵桐寿，生卒年月不详。笛师兼拍先。后为粟社所延请。

〔一〇〕藕公，即穆藕初（1876—1943），名湘玥，上海人。曾留学美国。归国后，建立德大、厚生、郑州豫丰三个现代化纱厂，被誉为“棉纱大王”。热衷推广昆曲，从俞振飞学小生，出资为俞粟庐录制唱片，成立“昆剧保存社”以及宗俞粟庐唱法的“粟社”，与苏州曲家共同创办苏州昆剧传习所。

〔一一〕墨仙，即倪墨耕。

〔一二〕篴渔，即张笛渔，张紫东之二弟。

〔一三〕踏戏，排戏。事指1921年夏，穆藕初为筹建苏州昆剧传习所筹集资金，决定于次年春举行江浙沪三地昆曲大会串，并亲自参加演出。于是邀请昆剧界老艺人沈月泉以及俞振飞、谢绳祖等人，在杭州灵隐寺旁租屋学戏一月余。从此信看，张笛渔也曾赴杭，但他没有参与学戏。

〔一四〕月泉，即沈月泉（1865—1936），昆剧全福班老艺人。工雉尾生及官生，兼擅鞋皮生，其他行当也皆精通，人称“大先生”。

〔一五〕湘眉扇，湘妃竹做扇骨的折扇。

# 陆恢致俞粟庐书四

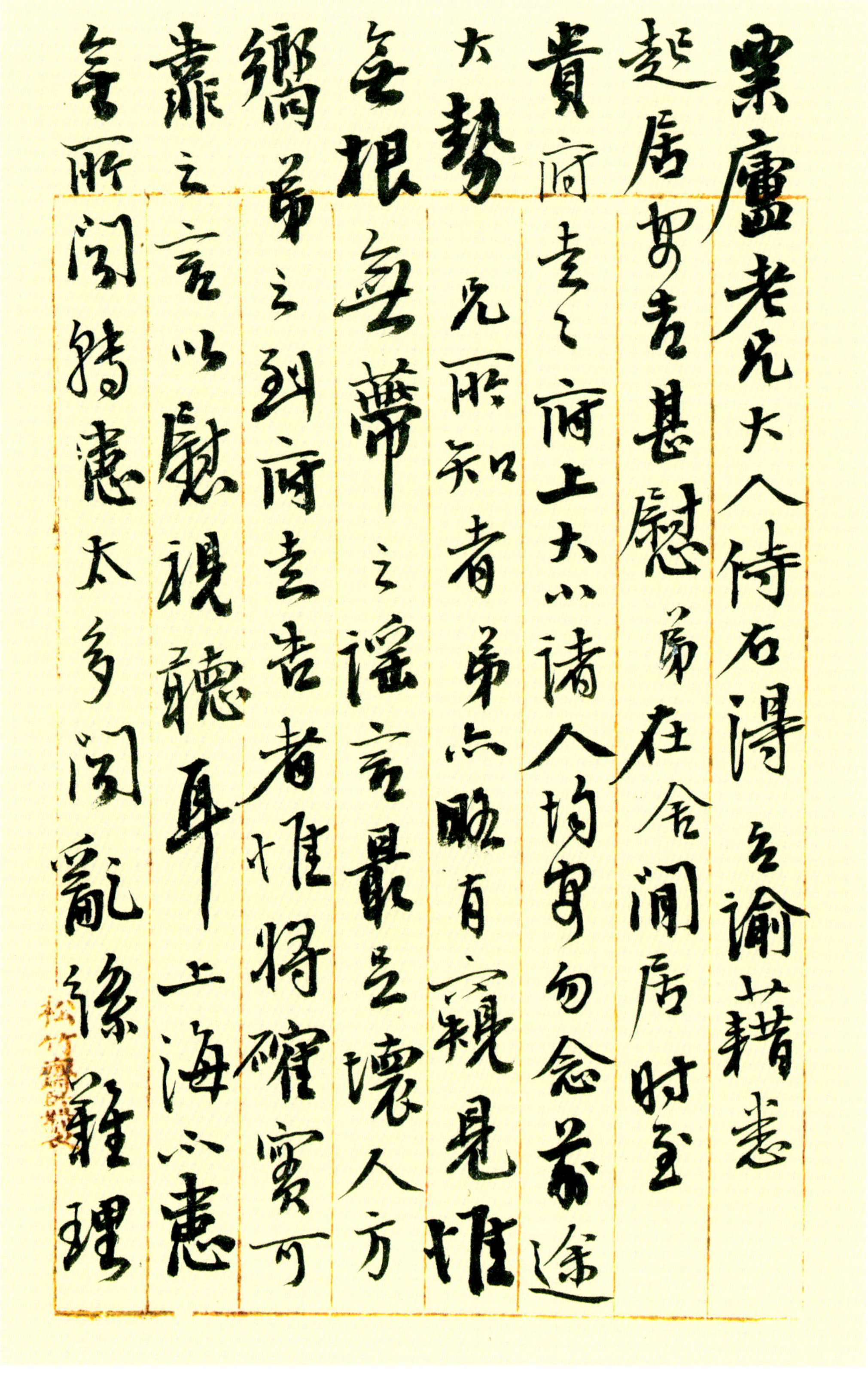
粟廬老兄大人侍右得　手諭藉悉
起居安吉甚慰　弟在舍間居　時至
貴府去之府上大小諸人均安勿念前途
大勢　兄所知者　弟亦略有窺見惟
無根無蒂之謠言最易壞人方
嚮　弟之到府去告者惟將確實可
靠之言以慰視聽耳　上海亦患
無所聞隨意太多聞亂緣難理

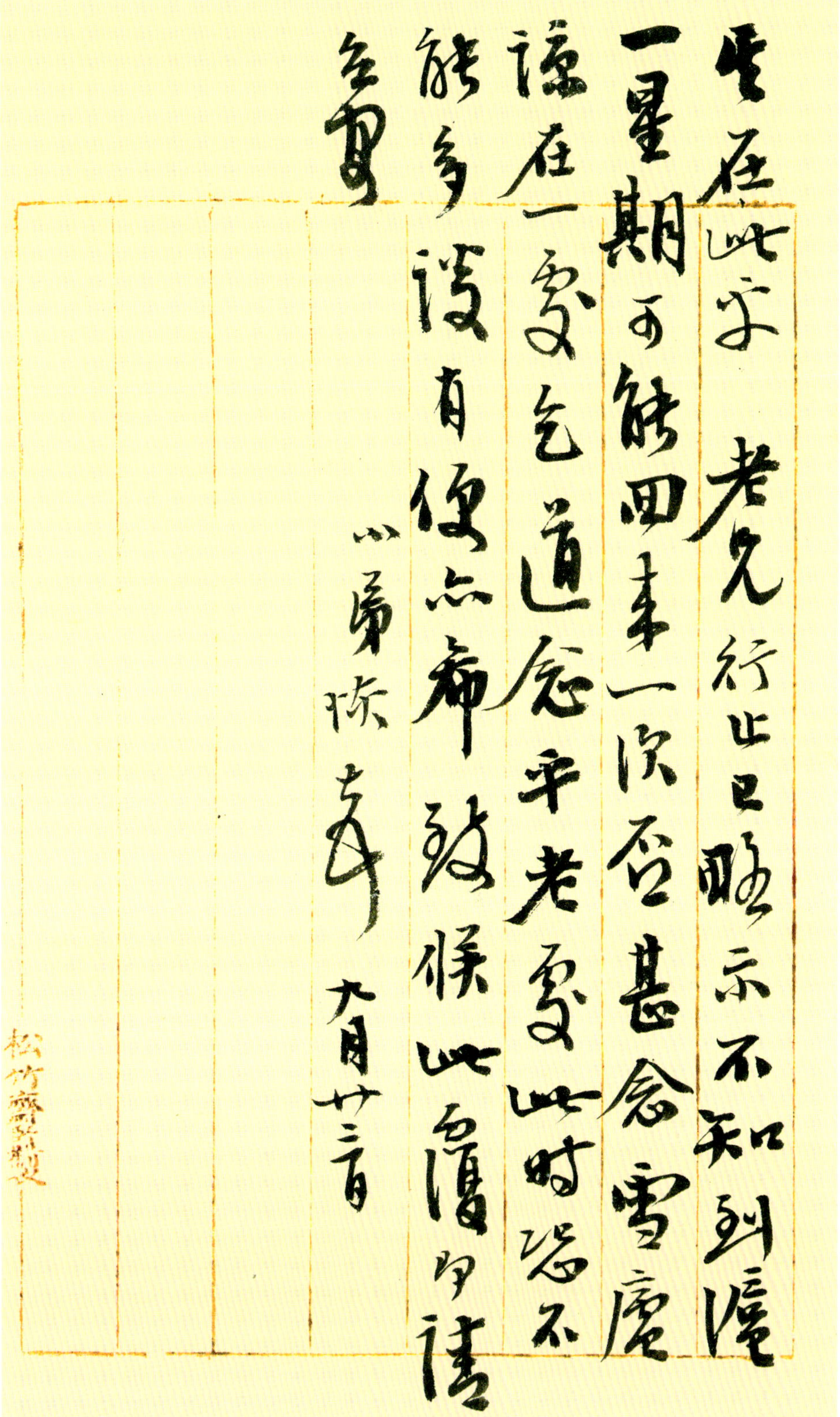


弟在此安。老兄行止已明示，不知到沪一星期可能回来一次否，甚念。雪庐谅在一处，乞道念。平老处此时恐不能多谈，有便亦希致候。此复，即请台安。

小弟恢上 六月廿三日

【释文】

粟庐老兄大人侍右：得台谕，藉悉起居安吉，甚慰！弟在舍闲居，时至贵府走走，府上大小诸人均安，勿念。前途大势，兄所知者，弟亦略有窥见。惟无根无蒂之谣言，最足坏人方向。弟之到府，走告者惟将确实可靠之言，以慰视听耳。上海不患无所闻，转患太多闻，乱丝难理，其在此乎！老兄行止已略示，不知到沪一星期可能回来一次否？甚念！雪庐〔一〕谅在一处，乞道念。平老〔二〕处此时恐不能多谈，有便亦希致候。此复，即请台安！小弟恢顿首。九月廿三日。

【考注】

〔一〕雪庐，即沈雪庐，生卒年月不详，清末民初画家。与吴昌硕、俞粟庐等书画家多有往来。

〔二〕平老，即李平书。

# □□致俞粟庐书

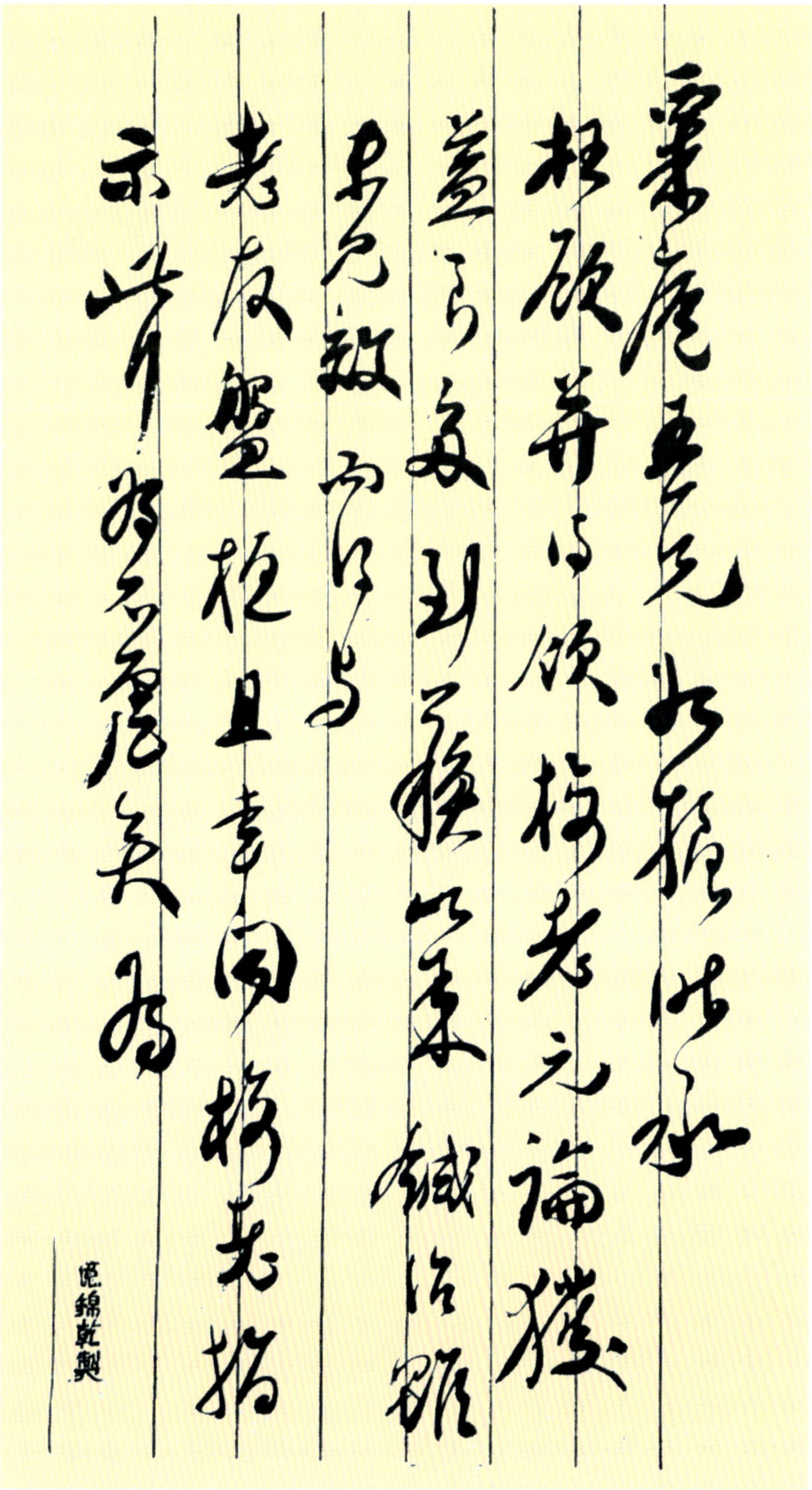

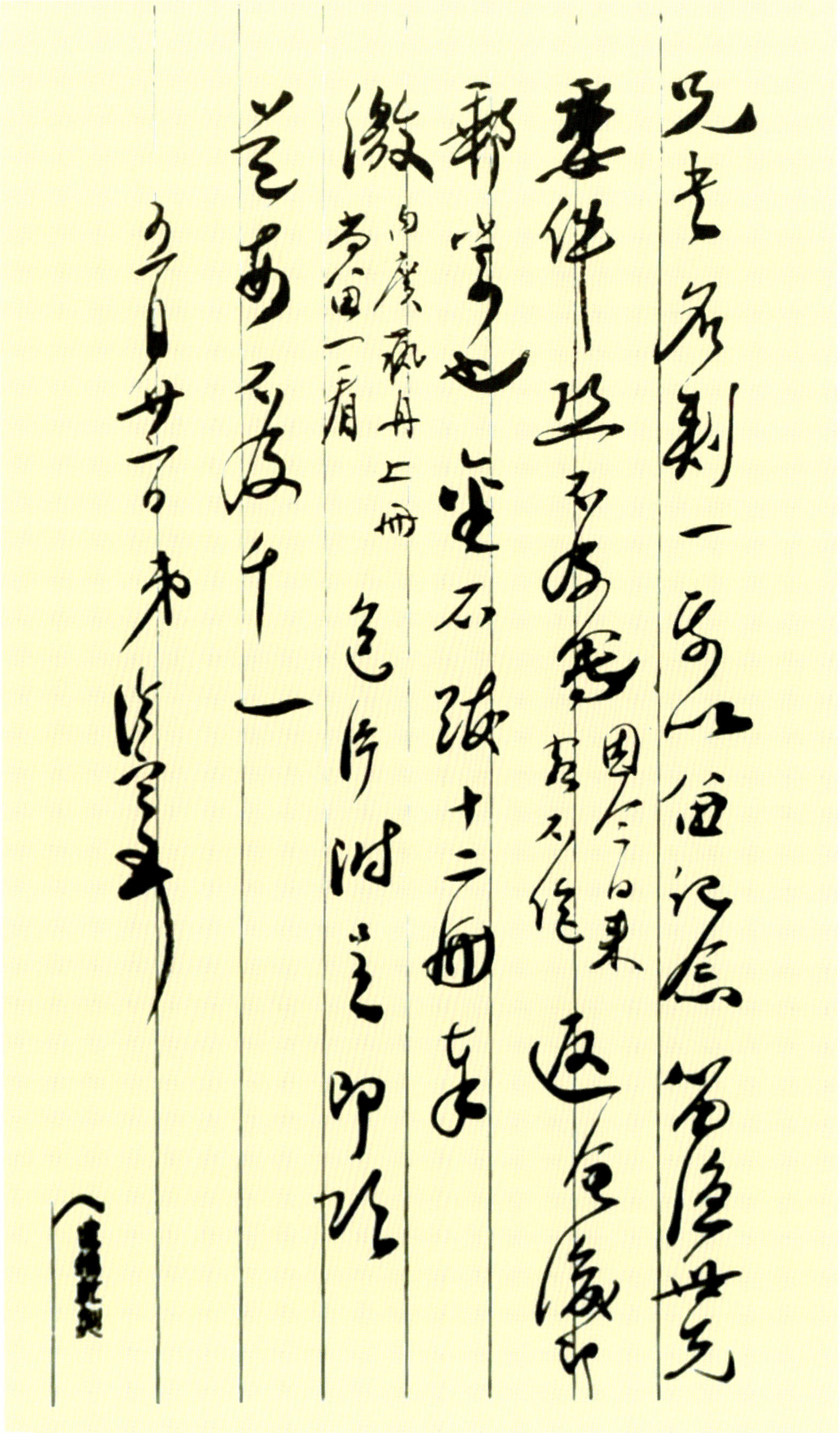
兄處所刻一分，倘記憶當係無見
要借與否為要（因今日來甚不便）返在滬即
郵寄也。至石張十二冊來
徼（白虎藏舟上冊，奉留一看）是否謝並即頌
道安，不盡千一
五月廿日弟宗海頓首

【释文】

粟庐吾兄如握：昨承枉顾，并得领梅老[一]元论[二]，获益良多。到苏以来，针治[三]虽未见效，而得与老友盘桓，且幸闻梅老指示，此行为不虚矣。为兄书名刺一纸，以留念，笛隐世兄委件恐不及写，因今日来客不绝。返舍后即邮寄也。金石跋十二册奉缴，内《广艺舟》[四]上册当留一看。色片附呈。即颂道安，不及千一。五月廿一日。弟临定顿首[五]。

【考注】

〔一〕梅老，即吴梅（1884—1939），字瞿安，号霜崖，江苏长洲（今苏州）人。戏曲理论家和教育家。先后在北京大学、南京东南大学、广州中山大学、上海光华大学、南京中央大学等任教授。著有《霜崖诗录》《霜崖词录》《霜崖曲录》。能唱曲、谱曲，唱曲从俞粟庐处得益良多。

〔二〕元论，大论、高论。

〔三〕针治，针灸治疗。

〔四〕《广艺舟》，即《广艺舟双楫》，晚清康有为所著的书法论著。

〔五〕此信未署名，未详何人。

# 冯超然致俞粟庐书三

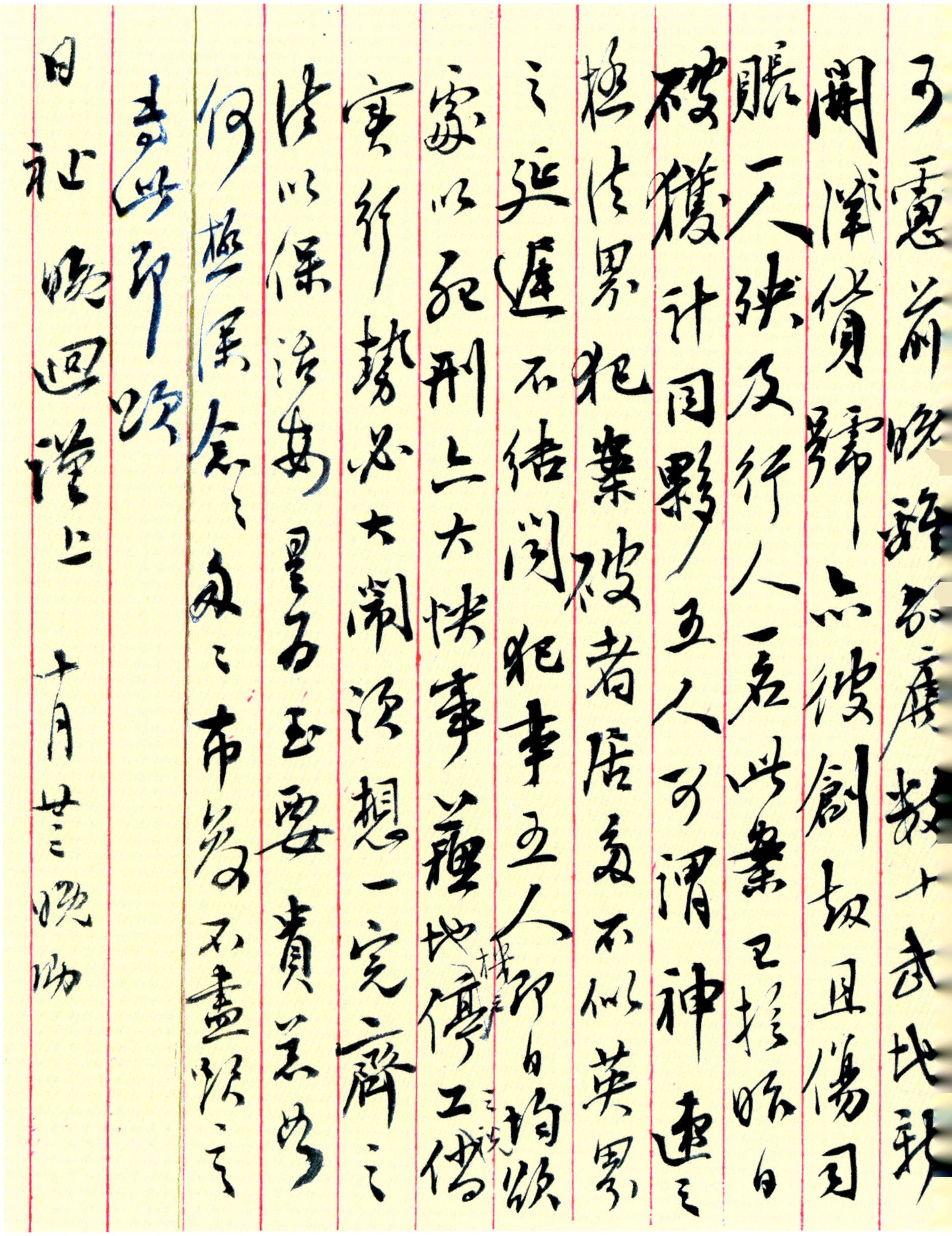
手惠前晚誦悉。舍廣數十武比新開洋貨號亦被劫，且傷司賬一人，殃及行人一名。此案已於昨日破獲，計同夥五人，可謂神速之極。法界犯案破者居多，不似英界之延遲不結。聞犯事五人即日均欲處以死刑，亦大快事。蘇地停工借實行，勢必大亂，須想一完全之辦法以保治安，最爲重要。貴業若如何？極係念念。匆匆布復，不盡縷縷。專此即頌

日祉。晚迥謹上　十月廿二晚燈

粟廬先生惠鑒：兩奉
手教，敬悉種切。蘇藏數項，即
行托子堅去取。亦卿來滬時，云
屬其先至毛氏，如已取到，務可
帶蘇耳。戩東偕守知明日欲
往西泠，堅邀同去一游，大約多
五日勾留也。蔭安此次因其夫人
大病請假還蘇，前數日道出
滬江，暢叙數晤，晚乘新銘輪
北上，詢及
先生頗爲憶念，刻係常有信與
先生也。庵上級案奠壽書袁芝

【释文】

粟庐先生惠鉴：两奉手教，敬悉种切[一]，华盛公司款项，即行托子坚[二]去取。良卿[三]来沪时，望属其先至毛氏[四]，如已取到，藉可带苏耳。紫东偕守知[五]明日欲往西泠[六]，坚邀迴同去一游，大约多至五日勾留也。荫安[七]此次因其夫人大病，请假还茸[八]。前数日，道出沪江，畅叙数日，昨晚乘新铭轮北上，询及先生，颇为忆念，到京当有信与先生也。沪上劫案，几无日无之，足见生计艰难，租界治安大为可虑。前晚离敝寓数十武地，新开之洋货号亦彼创劫，且伤司账一人，殃及行人一名。此案已于昨日破获，计同伙五人，可谓神速之极。法界犯案，破者居多，不似英界之延时不结。闻犯事五人，即日均欲处以死刑，亦大快事。苏地机户停工之说倘实行，势必大闹，须想一完齐之法，以保治安，是为至要！贵恙如何？极深念念。匆匆布复，不尽欲言。专此，即颂日祉！晚迴[九]谨上。十月廿三晚泐。

【考注】

〔一〕种切，种种关切。

〔二〕子坚，人名，不详。

〔三〕良卿，即王良卿，苏州裱画师，经营裱画铺，后俞粟庐将他介绍给李平书。

〔四〕毛氏，不详。疑为画家毛子建。

〔五〕守知，人名，不详。

〔六〕西泠，杭州西泠印社。

〔七〕荫安，即杨兆椿，上海松江人。参见杨兆椿致俞粟庐书注〔一五〕。

〔八〕茸城，松江别称。

〔九〕迴，即冯超然，名迴，字超然。见李钟珏致俞粟庐书注〔二〕。

# 俞粟庐致唐颂尧书

頌堯世大兄惠鑒：別來匆匆匝月，不勝悵思。寄來字課均已看過，另有數行附上。惟不臨名人書法，任意而寫，終無進境之日。先書大字四五寸見方，一二年後再臨小楷，不得濕作一起為要。臨近臨褚河南陰符經兩本，為東中友人索去，日內當再書一分寄奉，如滬上有正書局近印北魏鄭道昭登雲峰山詩刻於磨崖，可購觀之。上年竹鳴兄言澉山相近湯姓家有南梁王僧虔墨迹兩大張，紙色微黃，係麻箋無疑，又有董思翁跋兩大方，墨色如新，此乃無上妙品。後聞湯姓逝世，而其後人不知此跡落於何人

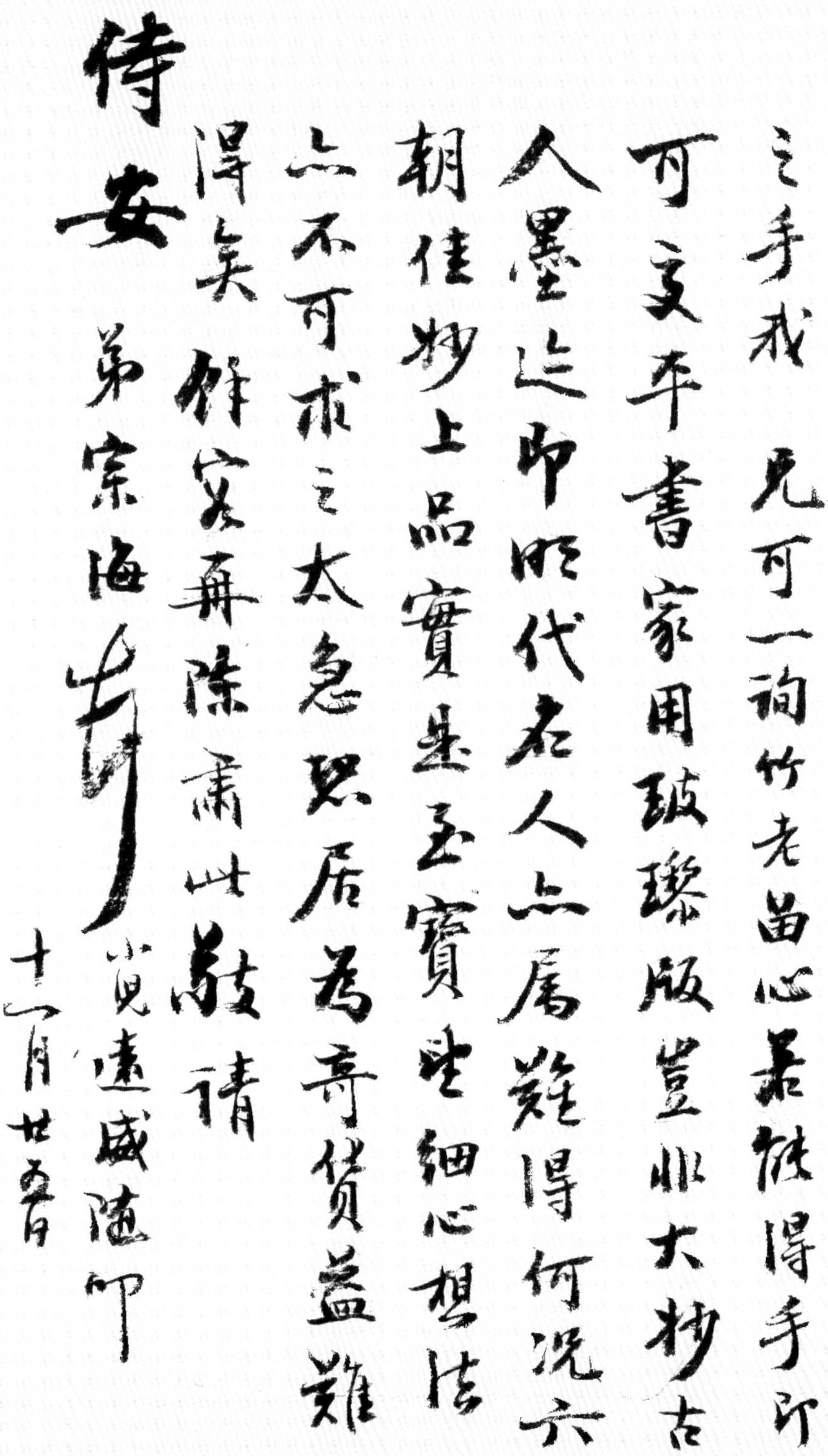

之手我兄可一詢竹老當心甚能得手所
可支平書家用玻璃版豈非大妙古
人墨跡印照代石人亦屬難得何況六
朝佳妙上品實是至寶非細心想法
亦不可求之太急照居為奇貨益難
得矣 餘容再陳 肅此敬請
侍安
弟宗海頓首 小兒遠威隨叩
十一月廿五日

【释文】

诵尧[一]世大兄惠鉴：别来忽忽匝月，不胜怀思。寄来字课[二]均已看过。另有数行附上。唯不临名人书法，任意而写，终无进境之日。先书大字四五寸见方，一二年后，再临小楷，不得混作一起，为要！海近临褚河南《阴符经》两本，为京中友人索去。日内当再书一分寄奉也。沪上有正书局近印北魏郑道昭《登云峰山诗》刻于磨厓，可购观之。上年竹鸣[三]兄言，淀山相近汤姓家有南梁王僧虔[四]墨迹两大张，纸色微黄，系麻笺无疑。又有董思翁[五]跋两大方，墨色如新。此乃无上妙品。后闻汤姓逝世而乏后人，不知此迹落于何人之手？我兄可一询竹老，留心若能得手，即可交平书[六]。家用玻璃版[七]，岂非大妙。古人墨迹，即明代名人亦属难得，何况六朝佳妙上品，实是至宝！望细心想法，亦不可求之太急，恐居为奇货，益难得矣！余容再陈。肃此，敬请侍安。弟宗海顿首，小儿远威[八]随叩。十一月廿五日。

【考注】

〔一〕诵尧，即唐颂尧，青浦名医唐承斋之子，俞建侯之妻兄。

〔二〕课，唐颂尧习字的作业。

〔三〕竹鸣，青浦曲友，生平不详。

〔四〕王僧虔（426—485），南朝齐琅琊人，王导五世孙。宋时除秘书，官至尚书令。入齐，转侍中、湖州刺史。善隶书。

〔五〕董思翁，即董其昌，明代书法家。

〔六〕平书，即李平书。

〔七〕玻璃版，亦称珂罗版。书画印刷的一种方法。

〔八〕远威，即俞振飞。当时他随侍在家，尚未去沪工作，家住狮林寺巷，可见此信写于1920年之前。

# 俞粟庐致穆藕初书一

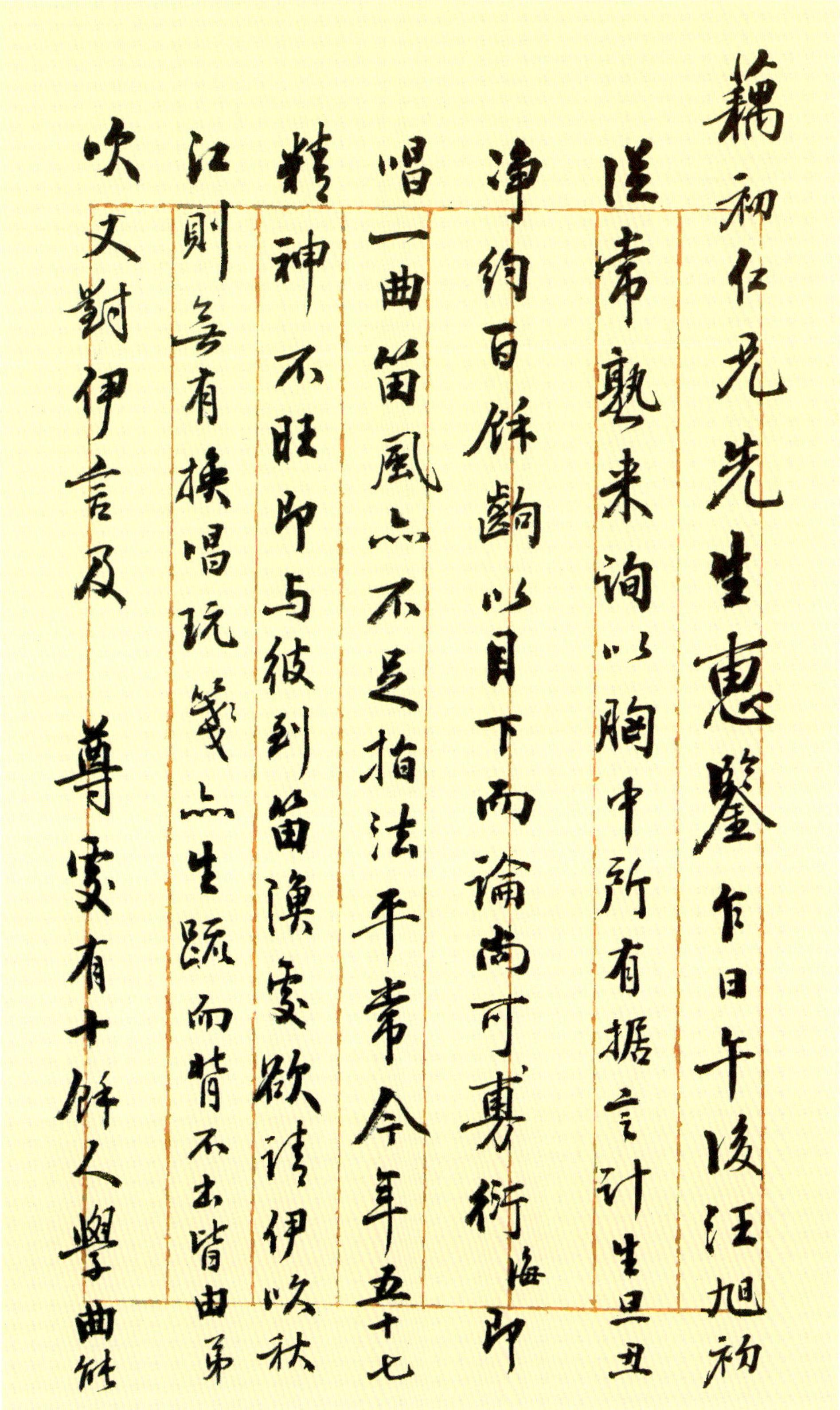

藕初仁兄先生惠鑒：昨日午後汪旭初從常熟來，詢以胸中所有，據言計生旦丑淨約百餘齣，以目下而論，尚可專衍。海印唱一曲，笛風亦不足，指法平常，今年五十七，精神不旺，即與彼到笛，漢處欲請伊吹秋江，則無有，換唱玩箋，亦生疏，而背不出，皆由弟吹，又對伊言及尊處有十餘人學曲，能

吾當此任又鈞天社亦有五六人教拍且有合
期其吹笛之位能吾獨當伊金翔自不能決
惟言須看本而吹尹伯荃又向其專會
拾叶画等曲皆背不出海始料其生疎難
免總不至如此全荒乃知渾飯喫三字亦
非易事蓮生阿桂雖不佳兒然已混出頭矣一俟
餘容面盡此頌
日安 弟宗海謹上
三月初十日

**【释文】**

藕初[一]仁兄先生惠鉴：近审动履佳胜，海劳状如常，望[二]前至沪与公相聚，并应补唱诸曲[三]。启者客冬，任子木[四]兄嘱为邀一念曲之人，遍访不得。前月有人言及常熟汪旭初[五]欲出外教曲。即嘱友人函询。二月廿八日果有信来。海即致信子木。旋得回信，伊处房屋过窄，不能住宿。而每月薪资照阿桂[六]旧章十元。此外再与郑耕莘[七]等商酌，俾可久留。而前日小儿来信云：尊意欲去杨而留汪。而海与汪二十年前相识，曾吹几曲，未闻其教曲与说白。且一别十八年，不知目下如何？须晤面方知。而任君昨日来苏，即欲与汪面言一切。缘钧天社因阿桂不愿教曲，現已辞歇，必欲与汪一谈，询其所有之曲，以便同期吹唱。因阿桂并嘱后场诸人，不应钧天之招。此亦一面之说。未知汪能否担当此任。俟汪来苏方知其胸中究有几多。即刻又接小儿快信，谓汪至沪上，径到尊处，不至任处云云。则海无以对子木。此事大为踌躇。况子木现在专等汪来。海已去信，再四思维相恳吾兄，于无可奈何之中，想一无可奈何之法，俾弟不至为难。深感无既，肃此奉恳。敬请日安。俞宗海谨上。三月初七日。

**【考注】**

〔一〕藕初，即穆藕初（1870—1943），名湘玥，以字行。参见冯超然致俞粟庐书注〔一〇〕。

〔二〕望，农历每月十五日称望日，月圆之日。

〔三〕补唱诸曲，指去百代公司补录昆曲唱片事。

〔四〕子木，即任子木，钧天社负责人之一。

〔五〕汪旭初，常熟拍先、笛师。

〔六〕阿桂，即陈阿桂，苏州拍先、笛师。

〔七〕郑耕莘，钧天社曲友。

# 俞粟庐致穆藕初书二

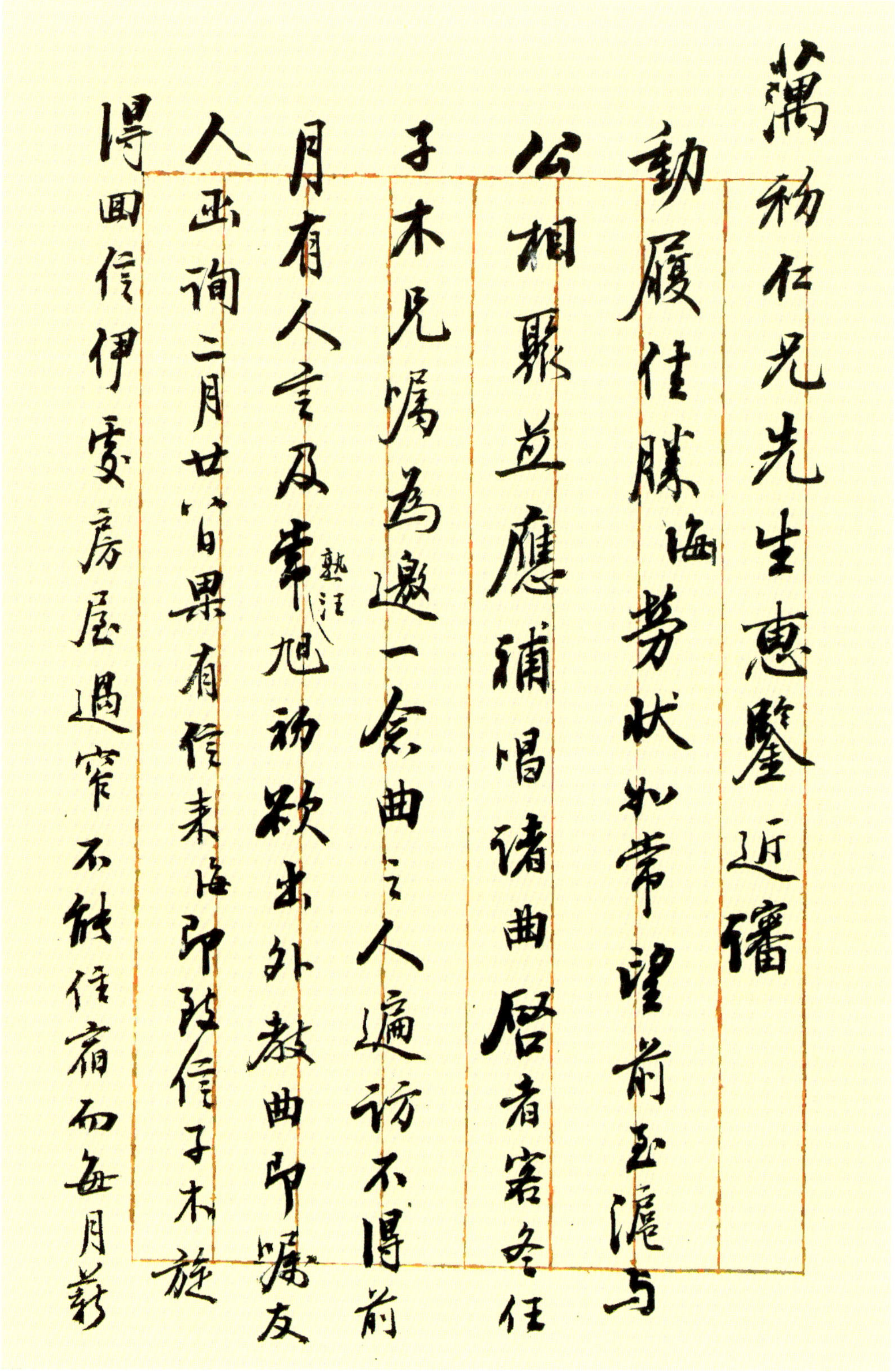
藕初仁兄先生惠鑒：近維
動履佳勝。海勞狀如常，望前至滬與
公相聚，並應補唱諸曲。啓者：客冬任
子木兄囑為邀一念曲之人，遍訪不得。前
月有人言及常熟汪旭初欲出外教曲，即囑友
人函詢。二月廿六日果有信來，海即致信子木，旋
得回信，伊要房屋過窄，不能住宿，而每月薪

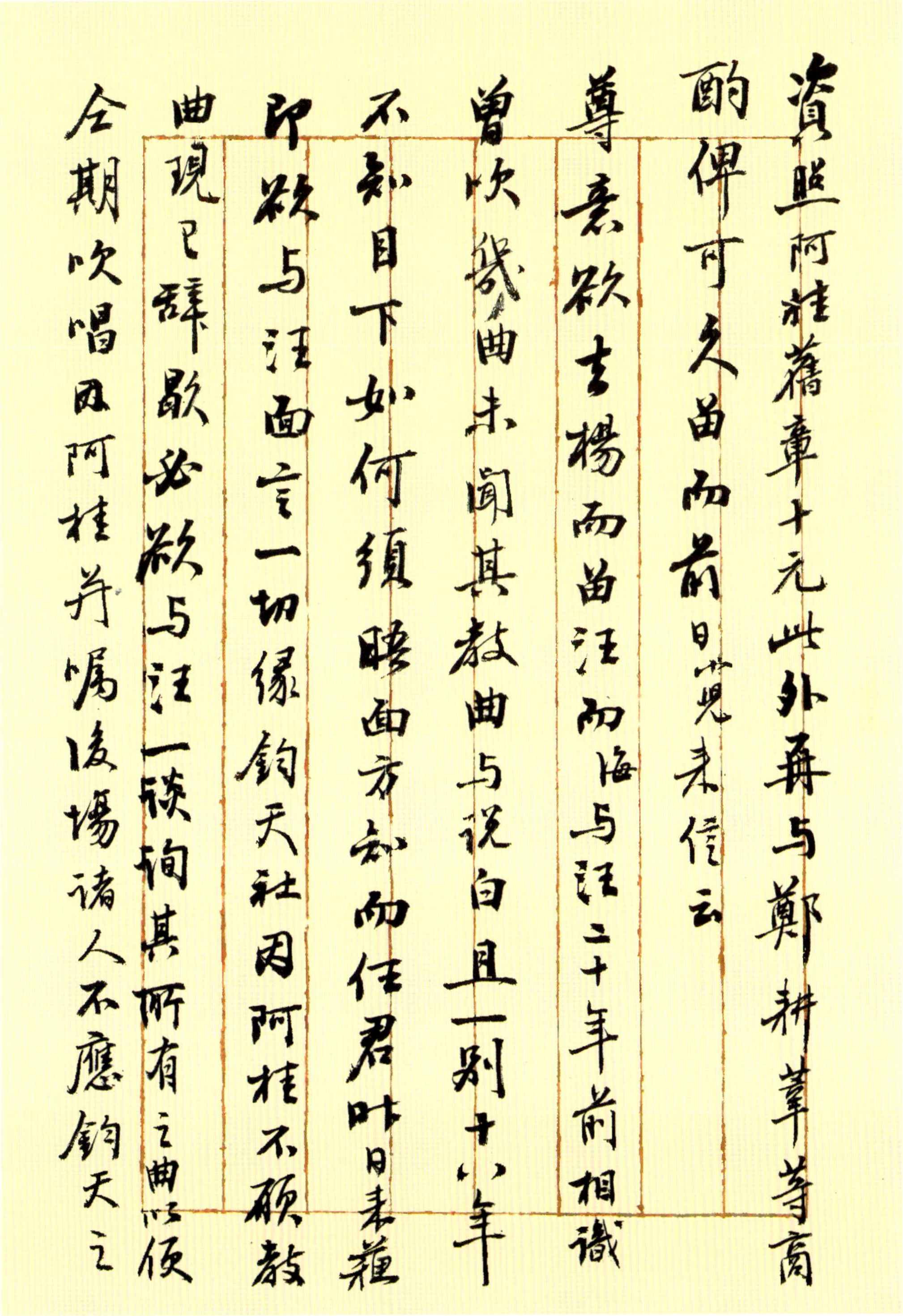
資照阿桂舊章十元此外再与鄭耕莘等商
酌俾可久留而前日覺來信云
尊意欲去揚而留汪而海与汪二十年前相識
曾吹笛曲未聞其教曲与説白且一別十八年
不知目下如何須聽面方知而任君昨日来雜
即欲与汪面言一切緣鈞天社因阿桂不願教
曲現已辭歇必欲与汪一談詢其所有之曲以便
今期吹唱因阿桂并囑後場諸人不應鈞天之

招此亡一面之說未知汪能否擔當此任候汪
来蘇方知其胸中究有幾多即刻又接覺
快信謂汪至滬上逕到尊處不至任受云云
則海無以對子木此事大為躊躇況子木現直專等汪
来海已去信相懇再四思維吾兄於無可奈何之中
想一無可奈何之法俾弟不至為難深感
無既蕭此奉懇敬請
日安 弟俞宗海謹上 二月初旬

【释文】

藕初仁兄先生惠鉴：乍日午后汪旭初从常熟来，询以胸中所有。据言，计生、旦、丑、净约百余出。以目下所论，尚可敷衍。海即唱一曲，笛风亦不足，指法平常。今年五十七，精神不旺。即与彼到笛渔处，欲请伊吹《秋江》，则无有。换唱《玩笺》，亦生疏而背不出，皆由弟吹。又对伊言及尊处有十余人学曲，能否当此任。又钧天社[一]亦有五六人教拍，且有同期。其吹笛之位，能否独当？伊含糊自不能解决。唯言须看本而吹。尹伯荃[二]又问其《亭会》《拾叫画》等曲，皆背不出。海始料其生疏难免，总不至如此全荒！乃知"混饭吃"三字亦非易事。莲生[三]、阿桂不见佳，然已混出头矣！一笑。余容面尽，此颂日安。弟宗海谨启。三月初十日。

【考注】

〔一〕钧天社，上海著名曲社之一，成立于1907年。

〔二〕尹伯荃，道和曲社成员，画家。曾为俞粟庐画像。

〔三〕莲生，即严莲生，笛师。俞粟庐第一次灌唱片时，由他吹笛，因调不准而撤换。严原敲小锣，水平很高，后改吹笛。

# 附录一

## 【北越调〔一〕】寿俞丈粟庐七秩〔二〕

吴霜崖〔三〕

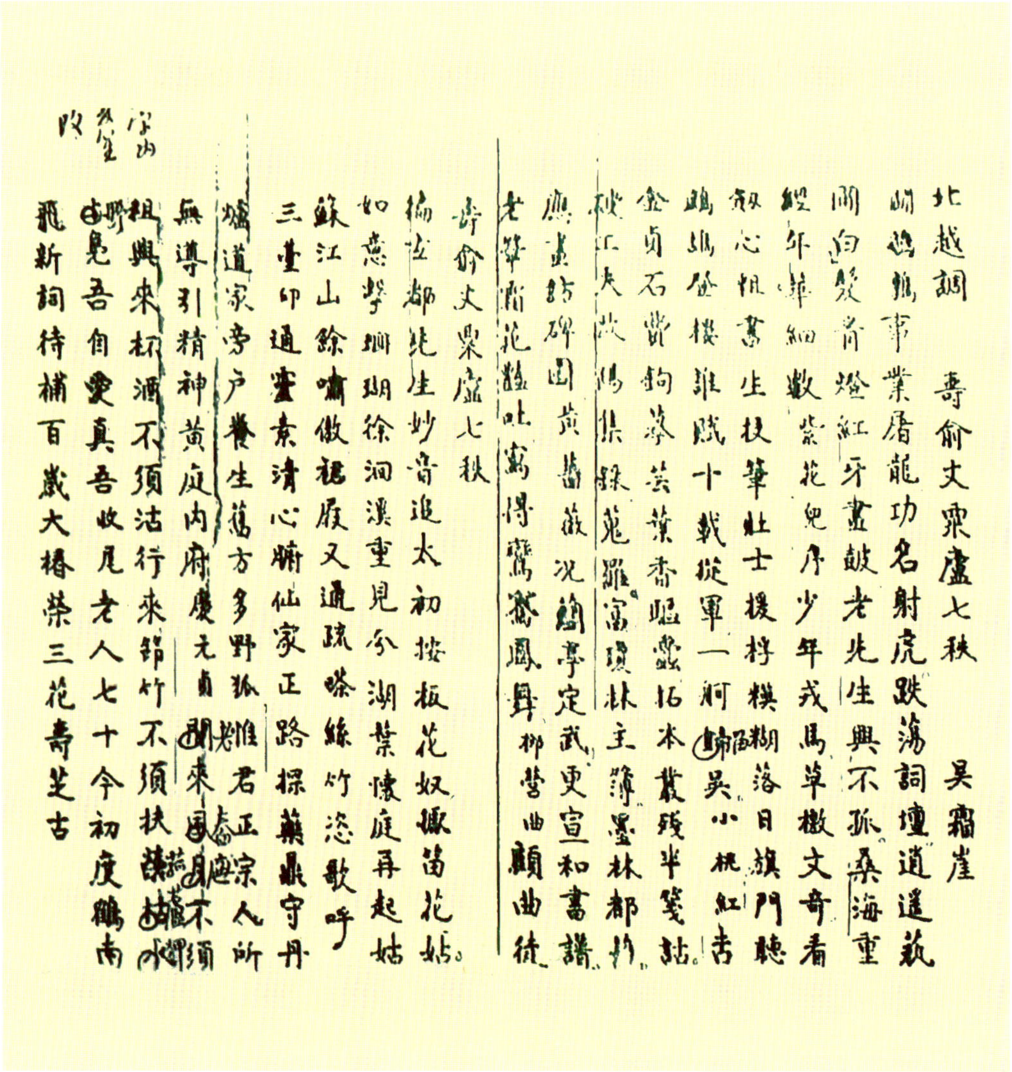

北越調　壽俞丈粟廬七秩　吳霜崖
鬭鵪鶉事業屠龍功名射虎跌蕩詞壇道遥藝
圃白髮青燈紅牙畫鼓老先生興不孤桑海重
經歲華細數紫花兒序少年戎馬草檄文奇看
叙心情書生投筆壯士摸枰模糊落日旗門聽
鶗鴂登樓雅賦十載從軍一舸歸吳小桃紅吉
金貞石眥韵篆芸葉香瑶盤拓本叢殘半箋黏
枕江夫此鴨集錄蒐羅富璞林主簿墨林都拍
應畫訪碑圖黃薔薇況鶴亭定武更宣和書譜
老筆瀟花黏吐寫得鸞鶯鳳舞柳營曲顧曲徒
壽俞丈粟廬七秩
倫拉都先生妙音追太初按板花奴撾笛花姑
如意擘珊瑚徐洄漢重見分湖葉懷庭再起姑
蘇江山除嘯傲穩履又逍疏嗒絲竹恣歌呼
三壹印通靈素清心脯仙家正路採藥鼎守丹
爐道家旁戶養生萬方多野狐雖君正宗人所
無導引精神黄庭内府慶元貞剛來風月不須
粗興來杯酒不須沽行來鈴竹不須扶
野曲覓吾自愛真吾收尾老人七十今初度鶴南
飛新詞待補百歲大椿榮三花壽芝古
穴山
叔生
改

**【释文】**

【斗鹌鹑】事业屠龙〔四〕，功名射虎〔五〕。跌荡词坛，逍遥艺圃。白发青灯〔六〕，红牙〔七〕画鼓〔八〕。老先生兴不孤。桑海重经，年华细数。

【紫花儿序】少年戎马〔九〕，草檄文奇〔一〇〕，看剑心粗〔一一〕。书生投笔〔一二〕，壮士援桴〔一三〕。模糊，落日旗门〔一四〕听鹧鸪〔一五〕。登楼谁赋〔一六〕？十载从军〔一七〕，一舸留吴〔一八〕。

【小桃红】吉金〔一九〕贞石〔二〇〕费钩摹，芸叶〔二一〕香驱蠹，拓本从残半笺诂〔二二〕，破功夫。欧阳集录〔二三〕）搜罗富。琼林主簿〔二四〕，墨林都护〔二五〕，应画访碑图〔二六〕。

【黄蔷薇】况《兰亭》定武〔二七〕，更《宣和书谱》〔二八〕，老笔霜花艳吐，写得鸾骞凤舞。〔二九〕

【柳营曲】顾曲徒〔三〇〕，寿俞丈粟庐七秩。遍玄都〔三一〕，先生妙音追太初〔三二〕。按板花奴〔三三〕，擫笛花姑〔三四〕，如意击珊瑚。徐洄溪〔三五〕重见分湖〔三六〕，叶怀庭〔三七〕再起姑苏。江山余啸傲，裙屐〔三八〕又通疏〔三九〕。嗏〔四〇〕，丝竹恣歌呼。

【三台印】通灵素，清心腑，仙家正路〔四一〕。探药鼎，守丹炉，道家旁户〔四二〕。养生旧方多野狐〔四三〕，惟君正宗人所无。导引〔四四〕精神，黄庭内府〔四五〕。

【庆元贞】老来春庑不须租〔四六〕，兴来杯酒不须沽，行来筇竹〔四七〕不须扶。菰芦，狎野凫〔四八〕，吾自爱真吾〔四九〕。

【收尾】老人七十今初度〔五〇〕。鹤南飞，新词待补。百岁大椿〔五一〕荣，三花寿芝古〔五二〕。

**【考注】**

〔一〕北越调，昆曲宫调之一。昆曲唱腔一般由五音阶的南曲与七音阶的北曲组成。选择同一宫调中若干支曲牌按一定的规律组成一套曲，称为套曲。这套北越调，就以北曲【斗鹌鹑】【紫花儿序】【小桃红】【黄蔷薇】【柳营曲】【三台印】【庆元贞】【收尾】八支曲牌组成。

〔二〕秩，十年为一秩，七秩，即七十岁。民国五年（1916），俞粟庐七十岁。

〔三〕吴霜崖，即吴梅（1884—1939），字瞿安，一字灵鳷，号霜崖，苏州人，近代曲学大学者，教育家。年轻时致力于诗与古文、词，后转向曲学、昆唱、制曲。先后执教于北京大学、南京大学、东南大学、中山大学、光华大学，著述丰富。吴梅在他的《遗嘱》中总结自己一生成就说："诗得散原老人，词得彊村遗民，曲得粟庐先生（余别有传），从容谈燕，所获良多。"

〔四〕屠龙，词出《庄子·列御寇》："朱泙漫学屠龙于支离益，单千金之家，三年技成，而无所用其巧。"意思是学屠龙之术，三年学成，却无龙可屠。后常以此形容技艺高超。

〔五〕射虎，《史记·李将军列传》："广所居郡，闻有虎，尝自射之。"诗文中常以此词形容英雄豪气。

〔六〕青灯，1931 年商务印书馆出版的《霜崖曲录》将"青灯"改为"青尊"。

〔七〕红牙，乐器名，一种用象牙或檀木做成的红色拍板。宋俞文豹《吹剑续录》载：东坡在玉堂日，有幕士善讴，因问："我词比柳词何如？"对曰："柳郎中词，只好十七八女孩儿，执红牙拍板，唱'杨柳岸晓风残月'。学士词，须关西大汉，执铁绰板，唱'大江东去'。"

〔八〕画鼓，有彩绘的鼓。白居易《柘枝妓》："平铺一合锦筵开，连击三声画鼓催。"

〔九〕少年戎马，指俞粟庐少年时代即入营伍。

〔一〇〕草檄，草拟檄文，亦指撰写官方文书。唐戴叔伦《送崔融》诗："陈琳能草檄，含笑出长平。"

〔一一〕看剑，杜甫诗《夜宴左氏庄》："检书烧烛短，看剑引杯长。"心粗，犹心大，指心胸宽广。

〔一二〕投笔，东汉班超扔掉手中的笔，决心去边疆从军，建功立业。

〔一三〕援桴，手持鼓槌。古时以击鼓指挥军队进击。

〔一四〕旗门，古时军队在临时驻地前树立旗帜以示营门。

〔一五〕鹧鸪，鸟名，鸣声悲婉凄切，常寓艰难之处境、惆怅之心情。清尤侗《闻鹧鸪》诗：“鹧鸪声里夕阳西，陌上征人首尽低。”

〔一六〕登楼谁赋，东汉王粲作《登楼赋》，抒发忧时伤事之慨。

〔一七〕十载从军，俞粟庐十八岁正式入伍，三十岁离开松江军营，共十二年。这里称十载，乃约指。

〔一八〕一舸留吴，俞粟庐于光绪八年（1882）从松江标营调任苏州黄天荡水师营，从事笔墨事，遂举家从松江迁入苏州定居。1931年商务印书馆《霜崖曲录》改为“一舸归吴”。

〔一九〕吉金，指古代鼎、彝等青铜器物。

〔二〇〕贞石，碑石的美称。

〔二一〕芸叶，一种香草，晒干后夹在书籍中，以防虫蛀。

〔二二〕笺诂，一般指对古文献的研究注释，此处指对碑帖的考证和题跋。

〔二三〕欧阳集录，宋欧阳修著有《集古录》，这是一部金文、石刻并蓄的金石学专著。

〔二四〕琼林，泛指文人荟集之处。主簿，古代各级官员属下掌管文书的佐吏。

〔二五〕墨林，指书画界。都护，古代官名。

〔二六〕画访碑图，此处指清初文人和书家重视历代碑刻，兴起一股收藏、研究和临摹的热潮。

〔二七〕兰亭定武，王羲之《兰亭序》刻本甚多，北宋时发现于河北定武的拓本，称为定武《兰亭》，相传为欧阳询据王羲之真迹临摹上石，为诸刻之冠。

〔二八〕《宣和书谱》，系北宋宣和年间官方主持编撰的宫廷所藏书法作品与书目，全书20卷，包括197人、1344件作品。每种书体均有叙论，并附书家小传。

〔二九〕“老笔”两句，描述俞粟庐书法艺术的老辣、精妙和高超。

《霜崖曲录》改为“鸾飞凤舞”。

〔三〇〕曲徒，指随俞粟庐唱曲的弟子。苏州的度曲家和学唱昆曲者大多受教于俞粟庐。据俞振飞回忆，当时在补园卅六鸳鸯馆举行曲会，为俞粟庐祝寿，此套曲由吴梅亲自谱成工尺谱，带领大家一起唱。其后有“寿俞丈粟庐七秩”句，乃夹白，由在座弟子齐诵。吴梅《霜崖曲录》收入此曲时，删去此句。

〔三一〕玄都，道观名。苏州有玄妙观，创于西晋，20纪初至二三十年代为昆剧班社主要活动之地。此处泛指苏州。

〔三二〕太初，道家所谓的天道、自然本源。

〔三三〕花奴，唐玄宗时汝南王李琎的小名，善击羯鼓。《霜崖曲录》改为“按板花姑”。

〔三四〕花姑，神话中人物，《淮南子》称她统领鲜花。后世也泛指女子。《霜崖曲录》改为“擫笛花奴”。

〔三五〕徐洄溪，名大椿，字灵贻，号洄溪，清初吴中名医。通音律，所著《乐府传声》对昆曲的音韵、唱法颇多阐发，为曲界所重。

〔三六〕分湖，古时的分湖是吴越的分界湖，今属苏州市吴江区。《霜崖曲录》“分”作“汾”。

〔三七〕叶怀庭（1722？—1792后），名堂，长州（今苏州）人，他在继承魏良辅唱法的基础上，创昆曲“叶派唱口”，成为习曲者准绳。著有《纳书楹曲谱》。

〔三八〕裙屐，原指衣着华贵的六朝贵族子弟，此处泛指富家子弟。

〔三九〕通疏，通情达理，洒脱爽朗。语出董解元《西厢记诸宫调》卷七：“事事不通疏，没些灵变。”

〔四〇〕嗏，语气词，《霜崖曲录》改为“吾”。

〔四一〕仙家正路，道家的最高境界是成仙，修身养性、清心寡欲才是道家正路。

〔四二〕道家旁户，道家讲究采药炼丹，以求长生不老。此谓旁门左道。

〔四三〕野狐，即野狐禅，系佛教禅宗对一些妄称开悟而流入邪僻者的讥讽。泛指邪门歪道。

〔四四〕导引，即导引术，气功的古称。

〔四五〕黄庭，即《黄庭经》，相传为老子所作，是道家养生修仙的著作。

〔四六〕舂庑，舂，用杵臼捣谷类。庑，廊屋。此句意谓屋已自购，不须租借。

〔四七〕筇竹，指竹杖。此句意为俞粟庐七十岁时仍不须扶杖。

〔四八〕狎野凫，意谓野生的水鸟亲近池塘边的菰草和芦苇。

〔四九〕吾爱吾真吾，“真吾”，即真实的我。此句描述俞粟庐一任本性、自然，不求虚荣的高尚品格。《霜崖曲录》改为“大事不糊涂”。

〔五〇〕初度，出生的年时。语出屈原《离骚》“皇览揆余初度兮”，后称人的生日为初度。

〔五一〕椿，木名，语出庄子《逍遥游》“上古有大椿者，以八千岁为春，八千岁为秋”。后为祝长寿之词。

〔五二〕芝，菌类植物，一岁三花，古人以为瑞草。

# 附录二

## 【正宫刷子三太师】〔一〕寄俞粟庐宗海吴门

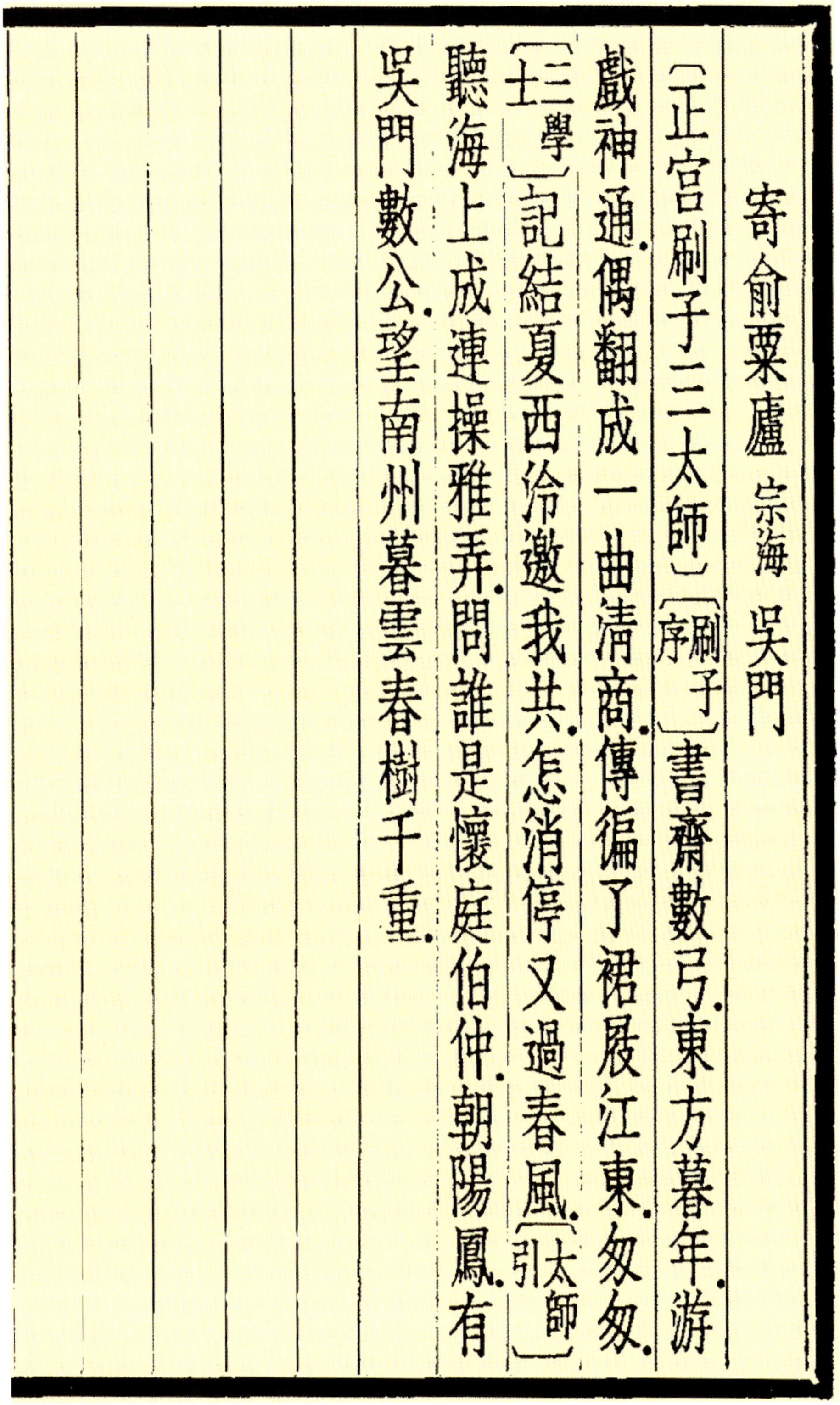
寄俞粟廬 宗海 吴門

〔正宮刷子三太師〕〔刷子序〕書齋數弓。東方暮年。游戲神通。偶翻成一曲清商。傳偏了裙屐江東。匆匆。〔三學士〕記結夏西泠邀我共。怎消停又過春風。〔太師引〕聽海上成連操雅弄。問誰是懷庭伯仲。朝陽鳳。有吴門數公。望南州暮雲春樹千重。

【释文】

【刷子序】书斋数弓[二]，东方暮年[三]，游戏神通。偶翻成一曲清商[四]，传遍了裙屐江东[五]。匆匆。【三学士】记结夏西泠邀我共[六]，怎消停又过春风。【太师引】听海上成连[七]操雅弄，问谁是怀庭[八]伯仲？朝阳凤[九]，有吴门数公。望南州暮云，春树千重[一〇]。

【考注】

〔一〕正宫，昆曲宫调之一。【刷子三太师】，即由【刷子序】中几句、【三学士】中几句、【太师引】中几句合成一支曲。

〔二〕弓，古时丈量土地用的计算单位，一弓为五尺。

〔三〕东方，即东方朔，西汉文学家，幽默滑稽又善覆射，被民间誉为神仙一类人物。

〔四〕一曲清商，指吴梅写的《寿俞丈粟庐七秩》套曲。

〔五〕裙屐江东，原指富家子弟，此指当年为俞粟庐祝寿的曲友。

〔六〕结夏，即今之避暑。江浙曲友常于夏天去杭州西湖唱曲避暑，俞粟庐曾邀吴梅同去。

〔七〕成连，春秋时期著名琴师，相传伯牙曾学琴于成连，三年未能精通。后与成连同去东海蓬莱山，技艺大进。

〔八〕怀庭，即叶堂，昆曲“叶派唱口”创始人。

〔九〕朝阳凤，《诗·大雅·卷阿》：“凤凰鸣矣，与彼高岗；梧桐生矣，于彼朝阳。”后世常以之称誉敢上书直言的诤臣，称之为“凤鸣朝阳”。

〔一〇〕“南州暮云，春树千重”，语出杜甫《春日怀李白》：“渭北春天树，江南日暮云。”“望南州”，吴梅当时在北大教书；“春树千重”指明是春天。据吴梅审定的《霜崖曲录》，排在此曲前面的作品注明写于“己未除夕”，这一首当写于次年即1919年春天。

# 附录三

## 俞宗海家传

长州吴梅撰

俞宗海家傳

長洲吳梅譔

君諱宗海字粟廬松江婁縣人曾祖啓元祖後沐父承恩就江南江陰營守備職洪楊亂作轉戰有功陣亡六合事具六合縣志中君因襲雲騎尉世職隸松江提標營時提督李朝斌雅器君親爲訓迪而幕中上客魏彥者亦重君才授以書法君之工書由是始也君又長弓矢同治中曾文正公蒞松閱兵試馬射君三矢皆中文正大喜以朱筆作三圍記君名上又呼君與語獎勉備至光緒中署金山縣守備甫蒞事游擊某索君賄甚急君不知營務積習卽馳白督賓魏魏以告督立召某游

擊面斥之君以同官齮齕知不可與處亦謝職改太湖水師營務處辦事由是而移家寓吳矣初君居標營時嘗從盛澤沈景修遊通金石學又與吳江陸恢同學北碑陸兼畫君則壹意于書而名亦伯仲也婁人韓華卿者佚其名善歌得長洲葉堂家法君亦從之學謳每進一曲必令籀諷數百徧純熟而後止夕則擫笛背奏所習者一字未安訶責不少貸君下氣怡聲不辭勞瘁因盡得其祕既居吳吳中人士求書者無虛日君從容揮翰皆如其意而去而一時度曲家春秋社集必邀君君亦必至至則必歌氣納于丹穴聲翔於雲表當其舉首

展喉如太空晴絲隨微風而下上及察其出字吐腔則字必分開合腔必分陰陽而又渾灝流轉運之以自然蓋自瞿起元鈕匪石後傳葉氏正宗者惟君一人而已吳縣張公履謙負鄉里重望聞君名招致其家君感其禮遇爲之考金石搜文史教授子弟歷四十年如一日履謙既殁其子元穀孫鍾來鍾湘等皆禮貌弗衰迨君即世鍾來復經紀其喪則君之持躬接物槩可知焉晚年爲上海李鍾珏校定平泉書屋所藏金石書畫一時名手皆服其鑒別之精性和易與人交不分畛域苟意所不可雖百乘之尊輒掉首弗顧又好導引術端坐調

息寂然無慮故年至八十而神明强固如壯歲也君生于道光二十七年五月卒于民國十九年四月年八十有四娶王氏繼顧氏金氏子一遠威女四孫一

贊曰明嘉隆間有陳鐸者以將家子官遼東指揮使工南詞有秋碧齋樂府世號秋碧先生以校君事何其相類也顧君又知醫兼通星命學則秋碧或不逮歟余嘗叩君作書哦曲之法君曰氣盛則慧通識多則用廣嗚呼是藝而進乎道矣

【释文】

君讳宗海，字粟庐，松江娄县人。曾祖启元，祖后沐，父承恩，就江南江阴营守备职。洪、杨[一]乱作，转战有功，阵亡六合[二]。事具六合县志中。君因袭云骑尉世职，隶松江提标营。时提督李朝斌雅器君，亲为训迪，而幕中上客魏彦者，亦重君才，授以书法。君之工书，由是始也。君又长弓矢。同治中曾文正公[三]莅松江阅兵，试马射。君三试皆中[四]。文正大喜，以朱笔作三圈，记君名上。又呼君与语，奖勉备至。光绪中署金山县守备[五]，甫莅事，游击某索君贿甚急。君不知营务积习，即驰白督宾魏，魏以告。督立召某游击面斥之。君以同官龃龁，知不可与处，亦谢职，改太湖水师营处办事。由是而移家寓吴矣。初，君居标营时，尝从盛泽沈景修[六]游，通金石学。又与吴江陆恢[七]同学北碑。陆兼画，君则一意于书，而名亦伯仲也。娄人韩华卿[八]者，佚其名，善歌，得长州叶堂家法。君亦从之学讴。每进一曲，必令籀讽数百遍，纯熟而后止。夕则擫笛背奏，所习者一字未安，苛责不少贷。君下气怡声，不辞劳瘁，因尽得其秘。既居吴，吴中人士求书者无虚日。君从容挥翰，皆如其意而去。而一时度曲家春秋社集必邀君，君亦必至。至则必歌，气纳于丹穴，声翔于云表。当其举首展喉，如太空晴丝，随微风而上下。及察其出字吐腔，则字必分开合，腔必分阴阳，而又浑灏流转，运之以自然。盖自瞿起元[九]、钮匪石[一〇]后，传叶氏正宗者，唯君一人而已。吴县张公履谦[一一]，负乡里重望。闻君名，招至其家。君感其礼遇，为之考金石，搜文史，教授子弟，历四十年如一日。履谦既殁，其子元毅，孙钟来[一二]、钟湘等皆礼貌弗衰。迨君即世，钟来复经纪其丧。则君之持躬接物，举可知焉！晚年为上海李钟珏[一三]校定平泉书屋所藏金石书画，一时名手，皆服其鉴别之精。性和易，与人交，不分畛域。苟意所不可，虽百乘之尊，辄掉首弗顾。又好导引术[一四]，端坐调息，寂然无虑。故年至八十，而神明强固如壮岁也。君生于道光二十七年五月，卒于民国十九年四月，年八十又四。娶王氏，继顾氏、金氏。子一远威[一五]，女四，孙一[一六]。

赞曰：明嘉隆间有陈铎者，以将家子官辽东指挥使，工南词，有秋碧斋乐府，世号秋碧先生。以校君事，何其相类也。顾君又知医，兼通星名学，则秋碧或不逮欤[一七]！余尝叩君作书、哦曲之法。君曰：“气盛则慧通，识多则用广。”呜呼，是艺而进乎道矣！



【考注】

〔一〕洪、杨，太平天国首领洪秀全、杨秀清。

〔二〕阵亡六合，俞承恩阵亡于咸丰八年（1858）。

〔三〕曾文正公，即曾国藩（1811—1872），晚清政治家、军事家、理学家，建湘军，平定太平军起义，谥号文正。同治十一年，曾国藩时任两江总督，曾到松江阅兵。

〔四〕三试皆中，即三箭皆中。此处略有出入。俞粟庐在写给五侄俞建侯的信中详细地讲述了曾国藩阅兵的经过：“愚年十六七即在外就事……十八岁归标营。廿一二至廿六署千总、守备等事。适逢曾文正（十年辛未十月）按临，大阅营伍，经制各营。乱后马匹已无，因向考武各局借四五十骑练成。以后文正阅毕，具奏称为‘江南第一营伍’，而诸事必传俞守备询一切。愚步箭第四支过靶顶，而鼓不起。第五、六中。公以硃笔书‘全中’二字（向来有五小圈，中者一点而已）。人以为大贵人看重，必有非常之擢。讵料文正次年壬申二月初旬中风而逝。”（《俞粟庐书信集·信十》）

〔五〕此句言曾国藩去世不久，俞粟庐即调任金山卫守备，时在光绪初。因与官高一级的游击产生矛盾而辞职回松江。此时，他对仕途已灰心意懒，开始拜师学昆曲和书法。光绪八年，经李朝斌提督推荐，赴苏州黄天荡水师营任帮办营务官。

〔六〕沈景修（1835—1899），晚清诗人、书法家。俞粟庐于同治十二年，经友人姚仙槎介绍拜沈景修为师。

〔七〕陆恢，字廉夫，晚清著名画家。

〔八〕韩华卿，松江人，寓居上海。叶堂唱法的隔代传人。同治十一年（1872），俞粟庐经松江老辈介绍拜韩为师，学“叶派唱口”达九年之久，尽得其秘。

〔九〕瞿起元，不详。疑为瞿松涛，与叶堂同时。

〔一〇〕钮匪石（1760—1827），清曲家，名树玉，字匪石，吴县洞庭人，为叶堂第一弟子。

〔一一〕张履谦（1838—1915），字月阶，吴中秀才，后通过承包两淮盐税，成为大盐商，光绪三年（1877）购得拙政园西边汪宅，大加修葺，始建补园。

〔一二〕钟来，张履谦长孙，字紫东，以字行。业余昆曲家，苏州昆剧传习所创始人之一。

〔一三〕李钟珏，即李平书。

〔一四〕导引术，古之导引术犹今之气功。练气功不止在养生，而与唱曲大有关系。元代芝庵《唱论》就提出：“有偷气、取气、换气、歇气、就气”，唱曲全凭“一口气”。他在给五侄的信中提及“我在沪上专与诸友谈唱曲出口、转腔、歇气、取气诸法，知者寥寥”。关于运气之法，俞振飞编著的《粟庐曲谱》中解释得更清楚：“应先将丹田之气，提至喉间，始再徐徐放出，斯为上乘。”“所唱之优劣，正亦全视运气之是否得宜。”

〔一五〕远威，即俞振飞，以字行。

〔一六〕孙一，俞振飞有子名经漳，乃前妻范品珍所生。1935年，俞与范离婚后，子经漳随俞赴北平演出，得肺炎而亡。

〔一七〕此句言吴梅将明代的陈铎与俞粟庐相比，而俞粟庐心目中，与他生平遭遇更相似的是清道光年间的汤贻汾（号雨生）。他在给俞振飞的家书中写道：“其祖任台湾淡水县，适林爽文作乱，其父亦在台北，均遭其害。雨生以袭职为三江营守备，历升至温州乐清协副将，亦遭人忌。四十岁辞官，居南京，筑琴隐园，与袁子才辈称大名士。善画山水，能制曲。咸丰癸丑，江宁被陷殉难，谥曰贞愍。论诗文及画，我皆不能，而弓马杂技以及写字，汤当逊我。唯制曲予不能，而唱曲汤虽能，终不能及我。各有三长耳。”（《俞粟庐书信集·信二》）

# 跋

2012年，郭宇主编、上海戏剧学院附属戏曲学校出资的《俞粟庐书信集》一书出版。是书宣纸线装，上下两册，唐葆祥先生为其注解，叶长海先生作序，我应邀撰写了后记。

时隔十年，欣闻松江区筹办“江南曲圣纪念馆”并筹资出版《俞粟庐师友信札》，该书由陆春彪先生主编，唐葆祥先生注释，我亦乐意为之作“跋”。

俞粟庐公是我的伯祖父。他生于松江，长于松江，年轻时曾任松江守备，能文能武。三十岁后，粟庐公弃武习文，师韩华卿深造昆曲，师沈景修深造书法，故亦曲亦书，终成文化大家。他一生不仕不商，无田无房，虽然只是一名清客，生活清贫，但对传统文化情有独钟，造诣深厚。他广交文友，在曲学、书学、碑帖、金石、鉴赏等诸多方面皆有建树，此外，还广泛涉猎导引术、星命学、医学和易学，可谓杂糅百家，是一个真正的文化人。

粟庐公留下的尺牍共有三册，仙逝后由我父亲建侯公收集并装裱。《俞粟庐书信集》主要是粟庐公写给儿振飞、侄建侯的家书及其他，共有41通（有2通未选用）；《俞粟庐师友信札》主要是师沈景修致粟庐公的信及书作，挚友陆廉夫、冯超然等致粟庐公的信札，粟庐公致穆藕初、唐诵尧信札，共计59通。这二册信札，皆出自当时著名书家之手，不仅具有极高的书法价值，而且内容包罗万象，除了广泛涉及清末民初的社会、政治、经济、战事、租界、民生、民俗、疾病、礼仪、称谓等信息，还大量涉及现在学界稀见的园林雅集与昆曲活动，更有诸多关于当时书家、书评、碑帖、刻书印书、法书展示、诗词交流、笔墨纸砚裱等情状。这些书信，涉及的众多故人、故事，自成体系，读者亦可以由此透视粟庐公的生平和业绩，并借以窥见民国时代江南文人圈的交游雅事，可谓弥足珍贵的地方史料，非常值得后人研读。例如，粟庐公的书法老师沈景修，乃秀水（今嘉兴地区）名儒，一代书家，优秀诗人。现在盛泽仍有不少学者、书家在临摹沈书，研究沈景修的生平艺术，并出版了相关专著，崇沈之风不减。再如，陆廉夫、冯超然皆是清末民初一代书画名家，粟庐公不仅与他们交游密切，在20世纪初，还让儿子俞振飞拜陆廉夫为师学习绘画；陆故后，又让俞振飞拜冯超然为师继续学画。他的《洳东渔隐图补景》《七十五岁玉照题跋》等作品也均出自冯超然之手。

2010年10月，《松江报》刊登了记者陈佳欣的《俞粟庐百封尺牍首现松江》一文，引起了昆曲界、文化界的广泛关注，此“百封尺牍”就是指这三册尺牍。如今，继《俞粟庐书信集》出版之后，新著《俞粟庐师友信札》即将付梓之际，本人欣然命笔，一来表示热烈祝贺，二来期盼随着新作的出版问世，引发新一轮对俞粟庐及其昆曲艺术、书法艺术的研究、推广热潮。

本书的编辑、注释、出版，得到了松江区政府与松江区社会各界贤达的鼎力支持，在此一并表示感谢！

粟庐侄孙俞经农记于昆明

二〇二二年五月